KB159108

영어가 처음으로
만만해졌습니다

영어가 처음으로 만만해졌습니다

초판 1쇄 인쇄 2020년 12월 24일
초판 1쇄 발행 2021년 1월 4일

지은이 조은경

펴낸이 김찬희
펴낸곳 끌리는책

출판등록 신고번호 제25100-2011-000073호
주소 서울시 구로구 연동로 11길 9, 202호
전화 영업부 (02)335-6936 편집부 (02)2060-5821
팩스 (02)335-0550

이메일 happybookpub@gmail.com
페이스북 happybookpub
블로그 blog.naver.com/happybookpub
포스트 post.naver.com/happybookpub
스토어 smartstore.naver.com/happybookpub

ISBN 979-11-87059-62-2 13740
값 16,500원

만만한 동사 10개로 영어 다시 시작하기

끌리는책

❶ 기본동사로 문장을 만들면서 영어 어순과 발음에 익숙해져야 합니다.

이 책은 일상에서 많이 사용하는 기본동사로 문장을 만들면서 발음 학습까지 할 수 있는 스피킹 책입니다. 원어민의 대화를 듣다 보면 유난히 자주 들리는 동사들이 있습니다. 그러면 '나도 저렇게 쉬운 단어로 내 생각을 말하고 싶다.'라는 생각을 한 번쯤 하게 됩니다. 그러기 위해선 기본동사로 문장 만드는 연습을 하면서 우선 영어 어순과 발음에 익숙해져야 합니다. 기본동사가 쓰인 표현이나 패턴을 외우는 것도 효과적인 학습 방법이지만, 영어 어순에 익숙하지 않은 초보 학습자들이 표현을 외우거나 패턴을 반복 학습하는 것은 학습 효과가 상대적으로 떨어집니다. 그래서 우선 쉬운 단어들로 문장을 만들어보면서 영어 어순을 익힌 후, 표현과 패턴 학습으로 표현력을 키우는 학습 순서를 권합니다.

이 책에 나오는 10개의 기본동사와 구조는 15편의 인기 애니메이션 대사에서 뽑았습니다. 누구에게나 익숙한 기본동사가 대화에서 어떤 구조로 많이 쓰였는지를 살펴보았습니다. 이 책에서 학습하는 동사 10개는 영어 학습에 지치거나 다시 영어 공부를 하고 싶은 사람에게 자신감을 갖게 해줄 정도로 쉬운 동사들입니다. 즉, '만만한' 동사들입니다. 이런 기본동사를 활용하면서 가장 많이 사용된 구조를 중심으로 일상을 표현할 수 있도록 200문장을 만들었습니다. 이 책으로 하루에 4문장씩 10주 동안 내 일상과 생각을 쉬운 단어로 표현하면서 발음 학습도 할 수 있습니다.

❷ 들을 수 있어야 대화가 가능합니다.

[주어+동사]를 기본으로 의미를 확장해가면서 영어 문장을 만든 후 시각화된 발음 학습으로 영어 문장을 소리로 익힙니다. 그동안 눈으로만 공부해왔던 습관을 버리고 입과 귀를 함께 사용하면서 듣기 훈련을 통한 말하기 학습이 필요합니다. 들을 수 있어야 대화가 가능하기 때문이고 이것이 우리가 영

어 공부를 하는 이유입니다. 영어 듣기가 어려운 주된 이유는 영어의 빠른 속도와 리듬 때문입니다. 그래서 연음과 강세 등 영어 발음에 대한 이해와 연습이 필요합니다. 시각화된 발음 학습으로 문장의 연음과 강세를 연습하면 속도와 리듬을 놓치지 않고 들을 수 있을 뿐만 아니라 리듬과 강세를 살려서 말할 수도 있습니다.

❸ 이 책을 애니메이션이나 영화로 영어 공부를 계획하시는 분들에게 권합니다.

애니메이션이나 영화 보기는 재미있는 스토리를 즐기면서 실생활 표현을 배울 수 있는 좋은 영어 학습법입니다. 하지만 막상 하려면 어렵죠. 그 이유는 영어의 속도와 리듬 때문입니다. 유용한 표현들이 많고 재미있는 내용이지만 주인공이 말하는 속도가 상당히 빠르고 영어 특유의 리듬을 따라가야 하기 때문에 한두 번 공부하다가 결국 포기하게 됩니다. 이렇게 애니메이션이나 영화는 영어의 속도와 리듬에 얼마나 익숙해지느냐가 중요합니다. 영어의 속도가 빠를 수 있는 건 말에 리듬이 생겨서이지, 단지 빨리 말한다는 걸 의미하진 않습니다. 속도를 따라 잡기 위해선 리듬을 살려서 읽을 수 있어야 하는데, 리듬을 살리기 위해선 강세를 살려서 읽을 수 있어야 하고, 강세를 살리기 위해선 연음을 할 수 있어야 하며, 연음을 하기 위해선 영어 발음의 특징에 대한 이해가 필요합니다. 이 책으로 영어 발음 규칙을 쉽고 재미있게 배우고 영어 문장을 연음과 강세를 살려서 읽는 연습을 하면 애니메이션이나 영화의 속도와 리듬에 익숙해질 수 있습니다.

❹ 독해 능력으로 소통 능력을 키우자.

학교 영어 교육이나 토익 공부를 시간과 돈을 버리는 '헛수고'라고 생각하는 사람들이 많습니다. 하지만 그 덕분에 우리는 글을 읽고 이해할 수 있는 독해 능력을 갖추었다고 생각합니다. 한국의 지리적 여건, 영어와는 다른 한국어의 언어적 특징과 한국의 교육 제도 등을 고려한다면, 지금 여러분의 영어 실력은 훌륭합니다. 현재 실력을 바탕으로 부족한 부분을 보완해가는 영어 학습이 필요한 단계가 된 것뿐입니다. 여러분 안에 이미 문자로 저장되어 있는 영어 실력을 발음 학습을 통해 밖으로 나오게 연습하고, 현재의 독해 능력으로 소통 능력을 키우면 됩니다. 걱정하지 말고, 두려워하지도 말고 이미 가지고 있는 실력을 믿고 즐겁게 배우고 성취감을 경험하시기 바랍니다.

1단계 뭉치학습 의미를 확장하면서 문장 만들기

- 기본구조(주어+동사)에서 의미를 확장해 가면서 문장을 만듭니다.
- 3단계 뭉치학습을 통해 어순 감각을 키울 수 있습니다.

He has a car.

He has a car. + so travels around.

He has a car. + so travels around. + a lot.

2단계 발음학습 원어민 파일 듣고 따라 하기

- 뭉치학습 후 문장의 의미를 생각하면서 원어민 파일을 듣고 따라 읽습니다.
- 문장을 읽을 때, 연음과 강세, 리듬을 살려서 읽을 수 있도록 연습합니다.

He has a car so travels around a lot.

3단계 자신감 up check! 문장 듣고 말하기

- 단어의 강세를 살려서 말할 수 있는지 체크합니다.
- 짧고 약하게 발음하는 단어를 듣고 말할 수 있는지 체크합니다.

CONTENTS

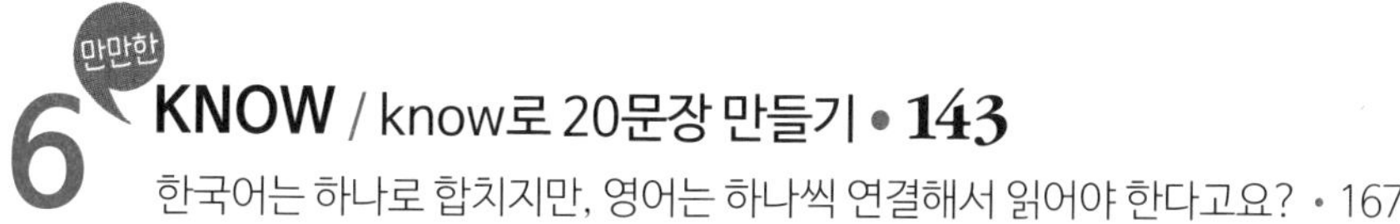

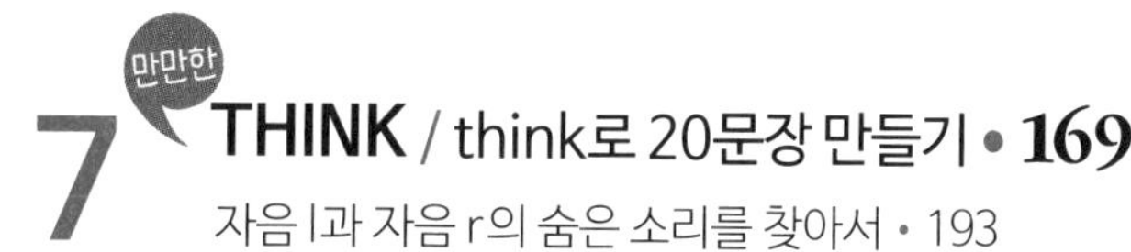

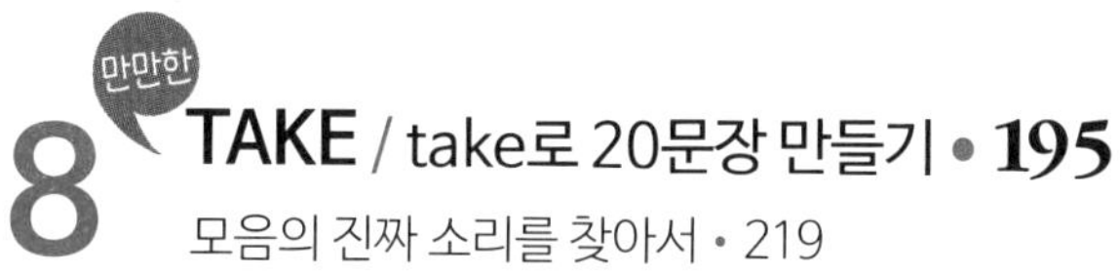

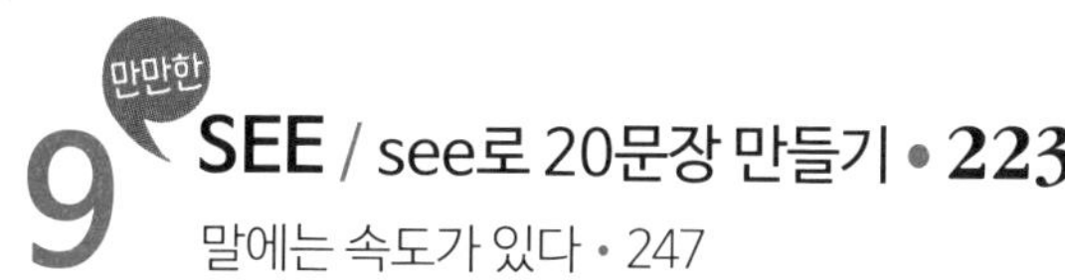

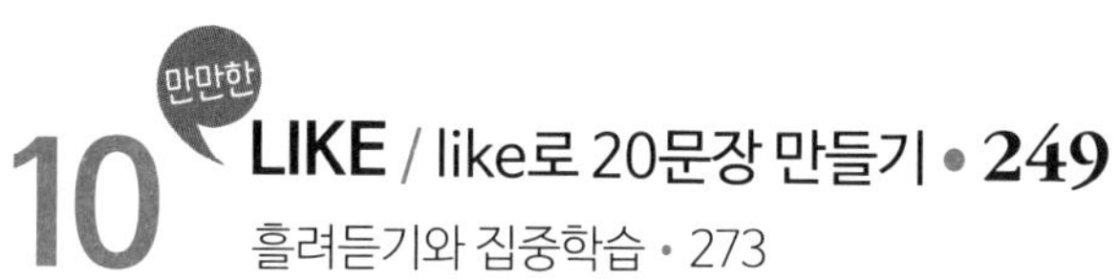

have로 20문장 만들기

HAVE

① have + 명사

- He has a car so travels around a lot.
- I have a friend who doesn't drink at all.
- I had a working experience at IT company.
- I have breakfast in bed on Sunday morning.
- I had a message from him that he's coming next week.
- I have a feeling that everything's gonna be all right.
- He has something important to do.
- I have much in common with him.

② have + 명사 + 형용사/p.p

- I'll have dinner ready.
- I'll have your door fixed immediately.

③ have + p.p

- I have told her for several times.
- It has been my dream to be a leader of a great team.

④ Have + 주어 + p.p?

- Have you learned anything from America?
- Have you been sick? You look so pale.

⑤ 자주 사용하는 표현

- Have fun with your girlfriend for the weekend.
- He has a problem with Wi-Fi connection on his laptop.
- I had a word with him in private.
- You have a point, it would be better to wait.

⑥ 자주 사용하는 패턴

- I have to do everything I can.
- I had to be there to take a train by the time.

have + 명사

[주어+have+목적어] 형태로 목적어 자리에 명사가 나오는 3형식 구조입니다. 기본적으로 have는 '가지다'라는 의미이지만 다양한 명사들과 함께 '~가 있다, ~을 먹다/마시다, ~을 받다, ~이 들다' 등을 나타냅니다.

1단계 뭉치학습 의미를 확장하면서 문장 만들기

have a car (차가 있다)

❶ He has a car. 그는 차가 있어.

주어(He)가 3인칭 단수이고 시제가 현재일 땐 have를 has로 바꿔줍니다.

❷ ____________ + so travels around. 그는 차가 있어서 여행을 다녀.

주어(He)가 3인칭 단수이고 현재 시제일 땐 동사(travel)에 –s를 붙여서 travels로 바꿔줍니다. 부사는 동사의 의미를 풍성하게 해주는 역할을 합니다. travels가 부사 around를 만나서 travels around '(주변을 여기저기) 여행 다니다'라는 의미가 됩니다.

❸ ____________ + ________________ + a lot. 그는 차가 있어서 여행을 **많이** 다녀.

2단계 발음학습 원어민 파일 듣고 따라 하기

He has a car so travels around a lot.

• has a에서 a는 끝을 올리지 않고 내려서 약하게 발음합니다.
• travel처럼 tr로 시작하는 단어는 t를 [츄]로 약하게 발음합니다.
• around처럼 단어가 -nd로 끝날 때 단어 끝의 d는 발음하지 않습니다.

1단계 뭉치학습 의미를 확장하면서 문장 만들기

have a friend (친구가 있다)

❶ I have a friend. 난 친구가 있어.

'한 명의 친구'라는 의미이므로 관사 a를 사용합니다.

❷ ______________ + who doesn't drink. 난 술을 마시지 않는 친구가 있어.

친구인데 어떤 친구이죠? 술을 마시지 않는 친구입니다. a friend를 뒤에서 수식하는 형용사절이 필요합니다. 사람인 a friend를 꾸며주기 위해서 관계대명사 who가 나왔습니다. 특히 a friend가 3인칭 단수이고 시제가 현재 시제이기 때문에 who절의 don't를 doesn't로 바꿔줍니다.

❸ ______________ + __________________ + at all. 난 술을 전혀 마시지 않는 친구가 있어.

'전혀 ~하지 않다'를 의미하는 not~ at all이 필요합니다. 하지만 doesn't에 이미 not이 들어가 있어서 at all만 사용합니다.

2단계 발음학습 원어민 파일 듣고 따라 하기

I **ha**ve a f**rie**nd who **do**esn't d**ri**nk at **a**ll.

- friend와 doesn't처럼 단어 끝이 –nd, -nt일 때 d나 t는 발음하지 않습니다.
- 부정어 doesn't는 t가 생략된 상태에서 모음을 강하고 길게 읽어주어야 합니다.
- drink처럼 dr로 시작하는 단어에서 첫소리 d는 [쥬]로 약하게 발음합니다.
- at all에서 t가 모음(a)과 모음(a) 사이에 와서 t를 [ㄹ]로 바꿔서 [에**러**얼↘]이라고 읽습니다.

1단계 뭉치학습 의미를 확장하면서 문장 만들기

have a working experience (일한 경험이 있다)

❶ I had. 난 있어.

'과거에 있다'는 의미이므로 have의 과거형 had가 필요합니다.

❷ _____ + a working experience. 난 일한 경험이 있어.

일한 경험(working experience) 앞에 '하나의' 라는 의미의 관사 a를 붙여줍니다.

❸ _____ + ____________________ + at IT company.
난 IT 회사에서 일한 경험이 있어.

'~에서'를 의미하며 직장이나 학교 혹은 정확한 지점을 나타낼 땐 전치사 at을 사용합니다.

2단계 발음학습 원어민 파일 듣고 따라 하기

I had a working experience at IT company.

- I는 [아이]라고 길고 강하게 발음하지 않으며, 짧고 약하게 [아]로 발음합니다.
- had a에 d가 강모음(a)과 약모음(a) 사이에서 [ㄹ]로 발음됩니다. 그래서 had a를 [**헤**러↘]라고 끝을 내려서 읽습니다.
- working에서 –ing를 [잉]이라고 강하고 길게 발음하지 않습니다. 보통 workin까지만 발음하는데 이때 –in은 [인↘]이라고 약하게 끝을 내려서 발음합니다.

1단계 뭉치학습 의미를 확장하면서 문장 만들기

have breakfast (아침을 먹다)

❶ I have breakfast. 난 아침을 먹어.

❷ ________________ + in bed. 난 침대에서 아침을 먹어.

'침대에서'는 침대(이불) 안에 들어가서 이불에 에워싸여져 있는 상황입니다. 이럴 때는 '~안에, 속에'라는 의미의 전치사 in을 사용합니다.

❸ ________________ + ______ + on Sunday morning.
난 일요일 아침엔 침대에서 아침을 먹어.

요일을 나타낼 땐 전치사 on을 사용합니다. 달력에서 바둑판 모양의 표에 표시(인쇄)된 모든 날짜와 요일을 말할 땐 전치사 on을 사용합니다. 예) 금요일에 on Friday, 8월 20일에 on August 20, 만우절에 on April Fool's Day

2단계 발음학습 원어민 파일 듣고 따라 하기

I **ha**ve b**rea**kfast in **be**d on **Su**nday **Mo**rning.

- bed에서 b가 모음(e)과 함께 나와서 [ㅂ]로 발음하지 않고 [ㅃ]로 발음합니다.
- bed on에서 d가 강모음(e)과 약모음(o) 사이에서 [ㄹ]로 발음됩니다. 그래서 [**뻬**론↘]이라고 끝을 내려서 읽어줍니다.
- Sunday처럼 단어 앞에 s가 모음(u)과 나올 땐, s를 [ㅅ]로 발음하지 않고 [ㅆ]로 발음합니다.

DAY 2-1

1단계 뭉치학습 의미를 확장하면서 문장 만들기

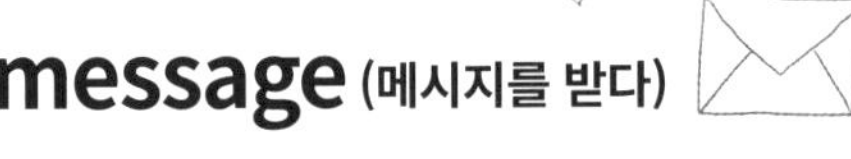

have a message (메시지를 받다)

❶ I had a message. **난 메시지를 받았어.**

'과거에 받았다'는 의미이므로 have의 과거형 had가 필요합니다.

❷ ______________ + from him. **난 그에게서 메시지를 받았어.**

'~에게서, ~로부터'를 의미하며 출처나 출발지를 나타낼 땐 전치사 from을 사용합니다. 전치사(from) 뒤에 대명사를 써야 할 때는 목적격 대명사(him)를 사용합니다.

❸ ______________ + __________ + that he's coming next week.
난 그에게서 (그가) 다음 주에 온다는 메시지를 받았어.

명사구(a message from him)를 뒤에서 수식해주는 형용사절이 필요합니다. a message처럼 사물을 수식할 때는 관계대명사 that을 사용할 수 있습니다. 그리고 가까운 미래(next week)에 분명히 일어날 일이나 사건에 대해 말할 땐 현재진행형을 사용합니다. 그래서 come을 is coming으로 바꿔줍니다.

2단계 발음학습 원어민 파일 듣고 따라 하기

I **ha**d a **me**ssage from him that he's **co**ming **ne**xt **wee**k.

- message에서 ss는 모음(e)과 모음(a) 사이에서 [ㅅ]가 아니라 [ㅆ]로 발음합니다. 특히 단어 끝의 -ge는 [지]가 아니라 성대가 울리지 않게 [쥐]로 발음합니다. 그래서 message는 [**메**씨쥐↘]라고 발음합니다.
- that이나 he는 강하게 읽지 않고 약하게 끝을 내려서 읽습니다.
- next week처럼 자음 세 개(xtw)가 연속해서 나올 땐, 가운데 자음을 생략합니다. 그래서 next의 t를 발음하지 않습니다.

1단계 뭉치학습 의미를 확장하면서 문장 만들기

have a feeling (예감이 들다)

❶ I have a feeling. 난 예감이 들어.

have는 감정이나 느낌을 나타내는 명사와 함께 '~이 들다, ~이 나다'를 의미합니다.

❷ ______________ + that everything's gonna be.
난 모든 것이 ~될 거라는 예감이 들어.

명사구(a feeling)를 뒤에서 수식해주는 형용사절이 필요합니다. 사람과 사물을 둘 다 수식할 수 있는 관계대명사 that이 나왔습니다. that절의 주어(everything)가 3인칭 단수이고 현재 시제여서 be gonna의 be가 is로 바뀌어 is gonna가 됩니다.

❸ ______________ + __________________________ + all right.
난 모든 것이 **다 잘** 될 거라는 예감이 들어.

2단계 발음학습 원어민 파일 듣고 따라 하기

I **ha**ve a **fee**ling that **e**verything's **go**nna be **a**ll **ri**ght.

- that의 단어 끝에 나오는 t는 [댇]처럼 받침소리가 되거나 [대]처럼 t 소리가 생략되기도 합니다. 중요한 건 모음을 강하고 길게 읽지 않아야 합니다.
- 동작동사 have는 강하게 읽지만, 상태동사 be는 약하게 읽습니다.
- all은 [얼]이라고 발음하지 않고 [**어**얼↘]이라고 발음합니다.
- right에서 gh는 소리가 나지 않습니다. 특히 끝소리 t는 받침소리로 발음합니다.

1단계 뭉치학습 의미를 확장하면서 문장 만들기

have something (일이 있다)

❶ **He has something.** 그는 일이 있어.

주어(He)가 3인칭 단수이고 현재 시제일 땐 have를 has로 바꿔줍니다.

❷ ________________ + **important.** 그는 중요한 일이 있어.

something처럼 -thing으로 끝나는 명사는 형용사(important)가 뒤에 나옵니다.

❸ ________________ + __________ + **to do.** 그는 해야 할 중요한 일이 있어.

중요한 일을 꾸며주는 형용사가 필요합니다. '하다'라는 의미의 동사 do가 형용사처럼 명사(something important)를 수식해야 할 땐 동사(do)를 to부정사(to do)로 바꿔줍니다. 형용사 역할을 하는 to부정사는 미래의 뉘앙스로 '~할'로 해석합니다.

2단계 발음학습 원어민 파일 듣고 따라 하기

He **ha**s **so**mething im**po**rtant to **do**.

- important는 2음절에 강세가 있습니다. 단어 중간에 t는 [ㅌ]가 아니라 [ㅎ]로 콧바람 소리처럼 발음하고 단어 끝의 t는 발음하지 않습니다. 특히 -tan에서 a는 강세가 가지 않아서 [아]로 읽지 않고 약하게 [으]로 발음합니다. 따라서 important는 [임**포**r흔↘]이라고 끝을 내려서 발음합니다.
- to는 모음을 강하게 [투]로 읽지 않고 [트↘]로 약하게 읽습니다.

1단계 뭉치학습 의미를 확장하면서 문장 만들기

have much (많이 있다)

❶ **I have much.** 난 많이 있어.

'많음, 많은 것'을 의미하는 명사 much가 필요합니다.

❷ __________ + in common. 난 공통점이 많이 있어.

보통은 전치사 뒤에 명사가 나오지만 in common처럼 전치사(in) 뒤에 형용사(common)가 나오는 예외도 있습니다. 예로 in general (보통, 전반적으로), in short (간단하게)

❸ __________ + __________ + with him. 난 그와 공통점이 많이 있어.

전치사(with) 뒤에 대명사를 사용해야 할 때는 목적격 대명사(him)를 사용합니다.

2단계 발음학습 원어민 파일 듣고 따라 하기

I **ha**ve **mu**ch in **co**mmon with him.

- much에서 u는 [ʌ] 소리를 냅니다. 모음이 한 소리로 [어]나 [아]로 나지 않고, [어] 하고 턱을 아래로 내리고 입을 벌리면서 [아]로 발음합니다. 그래서 much는 [머취]가 아니고 [**머**아취↘]로 끝을 내리면서 발음합니다. 한번 연습해보세요.
- with에서 wi는 모음을 한 소리로 강하게 [위]라고 발음하지 않고, 모음을 하나씩 연결하면서 약하게 [우위]로 읽어야 합니다.
- with에서 th는 혀끝을 치아 사이에 살짝 문 상태에서 혀끝을 빼내면서 [ㅆ]라고 발음합니다. 하지만 단어 끝에 th가 나오면 [ㅆ] 소리를 내지 않고 흉내만 냅니다.

have + 명사 + 형용사/p.p

[주어+have+목적어+보어] 형태이며, '(목적어)가 (보어)한 상태가 되게 하다'를 의미하는 5형식 구조입니다. 5형식 구조의 특징은 동사가 목적어에 영향력을 행사해서 어떤 상태(보어)가 되거나, 어떤 동작(보어)을 하게 만드는 것입니다. 동사를 형용사처럼, 특히 수동의 의미로 사용하고 싶을 때 p.p(과거분사)형을 사용합니다.

1단계 뭉치학습 의미를 확장하면서 문장 만들기

have dinner ready (저녁을 준비해 놓다)

❶ **I'll have.** 내가 해 놓을게.

have는 '(~의 상태로)만들어 놓다'라는 의미로 5형식 구조와 함께 사용됩니다.

❷ ________ + dinner. 내가 저녁을 해 놓을게.

❸ ________ + ________ + ready. 내가 저녁을 준비해 놓을게.

'저녁이 준비된 상태가 되다'를 의미하여 명사(dinner)의 상태를 나타내는 형용사(ready)가 필요합니다.

2단계 발음학습 원어민 파일 듣고 따라 하기

I'll **ha**ve **di**nner **rea**dy.

- I'll은 모음을 강하게 [아이윌]이라고 읽지 않고 짧고 약하게 [아열↘]로 읽습니다. 특히 ll은 혀끝을 윗니 뒷쪽에 살짝 대면서 [열↘]이라고 끝을 내려서 발음합니다.
- ready에서 d가 강모음(ea)과 약모음(y)사이에 있어서 [ㄹ]로 발음됩니다. 그래서 ready는 [**레**리↘]라고 읽습니다.

1단계 뭉치학습 의미를 확장하면서 문장 만들기

have the door fixed (문을 고쳐놓다)

❶ I'll have. 내가 해 놓을게.

'(무언가)를 (어떠한 상태)가 되게 해 놓다'라는 의미를 만들 땐 have를 사용합니다.

❷ ________ + your door fixed. 내가 네 문을 고쳐 놓을게.

have의 목적어(your door)와 보어(fixed)입니다. 동사(fix)로 명사구(your door)의 상태를 나타내야 하는데, 문은 스스로 고칠 수 없고 누군가에 의해서 고쳐지는 수동의 상황이므로, fix를 p.p형태(fixed)로 바꿔줍니다.

❸ ________ + ________________ + immediately. 내가 당장 네 문을 고쳐 놓을게.

2단계 발음학습 원어민 파일 듣고 따라 하기

I'll **ha**ve your **doo**r **fix**ed i**mme**diately.

- have your에서 [v]로 끝나는 단어 뒤에 y로 시작하는 your가 나와서 연음하여 [뷰어r↘]로 발음합니다.
- fix의 끝소리는 [s]입니다. [s]처럼 무성음 뒤에 -ed가 붙으면 이때 -ed는 [t]로 발음합니다.
- immediately는 2음절에 강세가 있습니다. 그리고 d가 강모음(e)과 약모음(i) 사이에 나와서 [ㄹ]로 발음됩니다. 특히 –tely에서 모음 e는 소리가 나지 않아서 t가 ly 앞에 나오게 됩니다. 이럴 때 t는 [트]라고 발음하지 않고, 잠시 숨을 멈추고 ly를 발음합니다. 그리고 ly를 읽을 때는 l 앞에 [을]을 살짝 넣어 읽으면 리듬을 더 살릴 수 있습니다. 그래서 immediately는 [이**미**리얼을리↘]라고 읽습니다.

have + p.p

have는 'have+p.p' 형태로 사용되어 현재완료 시제를 나타냅니다. 현재완료 시제는 과거에 일어난 일이 현재까지 이어지거나, 계속 영향을 미칠 때 사용합니다. 주로 '~해오다, ~되어오다'로 해석할 수 있습니다.

1단계 뭉치학습 의미를 확장하면서 문장 만들기

have told (말해왔다)

❶ **I have told.** 난 말해왔어.

'과거에서부터 현재까지 말해왔다'는 의미이므로 tell의 현재완료형 have told가 필요합니다.

❷ __________ + **her.** 난 그녀에게 말해왔어.

〈주어+tell+간접목적어(~에게)+직접목적어(~를)〉 구조로 4형식 문장입니다. her가 나온 자리는 간접목적어 자리여서 '그녀를'이 아니고 '그녀에게'라고 해석합니다.

❸ __________ + ____ + **for several times.** 난 그녀에게 여러 번 말해왔어.

'~동안'이라는 의미로 기간이나 횟수를 나타낼 땐 전치사 for를 사용합니다. several은 복수를 나타내는 형용사이므로, 뒤에 복수 명사(times)가 나옵니다.

2단계 발음학습 원어민 파일 듣고 따라 하기

I have **to**ld her for **se**veral **ti**mes.

- have는 '가지다'를 의미하는 동사가 아니고 현재 시제를 나타내는 조동사입니다. 동사를 보조하는 단어라고 해서 조동사라고 하며, 조동사는 모음을 짧고 약하게 읽어줍니다.
- told는 '말하다'라는 의미의 동사이므로 강세를 살려서 읽습니다.
- several처럼 s가 모음과 함께 첫소리로 나올 때는 우리말 [ㅆ]처럼 발음합니다.

1단계 뭉치학습 의미를 확장하면서 문장 만들기

have been ((예전부터) ~이었다)

❶ **It has been my dream.** (예전부터) 내 꿈이었어.

가주어 It이 필요합니다. to부정사구(to be a leader of a great team)가 문장의 주어이면 주어가 너무 길게 됩니다. 이를 피하기 위해 to부정사구를 뒤로 보내고 가주어(It)를 대신 사용합니다. It은 3인칭 단수이므로 have been을 has been으로 바꿔줍니다.

❷ ____________________ **+ to be a leader.** 리더가 되는 건 내 꿈이었어.

문장의 진주어인 to부정사구입니다. 주어 자리에는 명사가 와야 하기 때문에 동사(be)를 주어 자리에 사용할 땐 명사 역할을 할 수 있는 to부정사(to be)로 바꿔주어야 합니다.

❸ ____________________ + ____________ **+ of a great team.** 좋은 팀의 리더가 되는 것이 내 꿈이었어.

좋은 팀에 소속된 리더이므로 소속이나 소유를 나타내는 전치사 of를 사용합니다.

2단계 발음학습 원어민 파일 듣고 따라 하기

It has been my dream to be a leader of a great team.

- has의 h 소리가 생략되어 It의 t가 모음(I)과 모음(a) 사이에서 [ㄹ]로 발음됩니다.
- dream처럼 dr로 시작하는 단어의 첫소리 d는 [ㄷ]로 발음하지 않고 [쥬]로 발음합니다.
- leader에서 d가 강모음(ea)과 약모음(e) 사이에서 [ㄹ]로 발음됩니다.
- great team에서 같은 자음(t)이 연속해서 나옵니다. 자음을 두 번 발음하지 않고 약간 길게 한 번만 발음합니다.

Have + 주어 + p.p ~?

'Have+you+p.p?'는 현재완료 시제의 의문문 구조입니다. 과거에서부터 현재까지의 경험이나 상태에 대해서 물어볼 때 사용할 수 있습니다.

1단계 뭉치학습 의미를 확장하면서 문장 만들기

Have you learned? (배워봤나요?)

❶ **Have you learned?** 배워봤나요?

평서문 'You have learned'를 의문문으로 만들 땐 동사구 have learned에서 have가 문장 앞으로 나가서 'Have you learned?'가 됩니다.

❷ __________________ + anything? 뭐라도 배워봤나요?

'무엇이든, 아무것'이란 의미로 의문문이나 부정문에 쓰이는 anything이 필요합니다.

❸ __________________ + __________ + from America? 미국에서 뭐라도 배워봤나요?

'~에서'라는 의미로 출처나 출신을 나타내는 전치사 from이 필요합니다.

2단계 발음학습 원어민 파일 듣고 따라 하기

Have you learned anything from America?

- 문장이 의문사임을 알리는 Have는 모음을 강하게 읽습니다.
- Have you에서 [v]로 끝나는 단어 뒤에 y로 시작하는 you가 나와서 연음하여 [뷰↘]로 발음합니다.
- learned에서 -ed는 [d]로 발음합니다. 과거형 -ed는 앞에 나오는 소리에 따라 발음이 달라집니다. 자음 n은 성대가 울리는 유성음이며, 유성음 뒤에 나오는 -ed는 [d]로 읽습니다.

1단계 뭉치학습 의미를 확장하면서 문장 만들기

Have you been? (이었어?)

❶ **Have you been?** 이었어?

평서문 'You have been'을 의문문으로 만들 땐, 동사구 have been에서 have를 앞으로 보내서 'Have you been?'이 됩니다.

❷ ______________ + sick? 아팠어?

❸ ______________ + _____ + You look so pale. 아팠어? 너 매우 창백해 보여.

'창백한'이란 의미의 형용사 pale이 필요합니다.

2단계 발음학습 원어민 파일 듣고 따라 하기

Have you been **si**ck? You **loo**k **so pa**le.

- 의문사 Have는 모음을 강하고 길게 발음하지만 be동사인 been은 약하게 발음합니다.
- Have you에서 [v]로 끝나는 단어 뒤에 y로 시작하는 you가 나와서 연음하여 [뷰↘]로 발음합니다.
- sick처럼 단어 끝에 〈자음+k〉가 나오면 k를 발음하지 않습니다.
- look에서 첫소리 자음 l 앞에 [을]을 살짝 넣어서 발음하면 리듬을 좀 더 살릴 수 있습니다. 특히 모음 oo[ʊ]는 짧고 강하게 [으]로 읽고 k는 받침소리로 읽습니다. 그래서 look은 [을**룩**↘]이라고 발음합니다.

자주 사용하는 표현

1단계 뭉치학습 의미를 확장하면서 문장 만들기

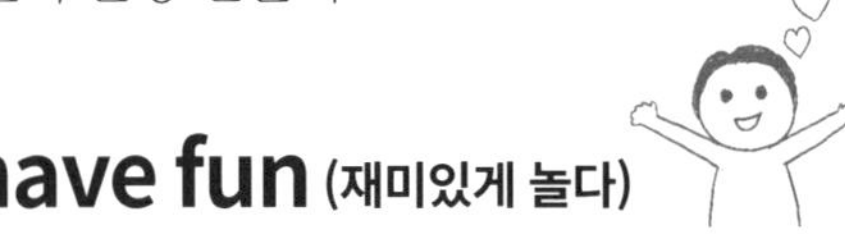

have fun (재미있게 놀다)

❶ Have fun. 재미있게 놀아.

have는 '재미, 즐거움'이란 뜻의 명사 fun과 함께 쓰여 '재미있게 놀다'를 의미합니다.

❷ ________ + with your girlfriend. 네 여자친구와 재미있게 놀아.

'~와, ~랑'이란 의미로 동반 관계를 나타내는 전치사 with를 사용합니다.

❸ ________ + ________________ + for the weekend.
주말에 네 여자친구와 재미있게 놀아.

'~(동안)에'을 의미하며 기간을 나타내는 전치사 for를 사용합니다.

2단계 발음학습 원어민 파일 듣고 따라 하기

Have **fu**n with your **gi**rlfr**i**end for the **wee**kend.

- with your에서 th[θ]로 끝나는 단어 뒤에 y로 시작하는 your가 나와서 연음하여 [뜌어r↘]로 발음합니다.
- girlfriend에서 g는 한국어의 [ㄱ]와는 좀 다르게 발음해야 합니다. 턱을 아래로 내리면서 목구멍 안에서 끌어올리듯 무겁게 발음합니다.
- girlfriend에서 girl은 [걸]이라고 발음하지 않습니다. r과 l을 모두 연결하면서 [**거**어r얼↘]이라고 발음합니다. r을 발음할 때 r 앞에 [어]를 살짝 넣어서 발음하고, l은 혀끝을 윗니 뒤에 대면서 약하게 [얼]로 발음합니다.

1단계 뭉치학습 의미를 확장하면서 문장 만들기

have a problem (문제가 있다)

❶ **He has a problem.** 그는 문제가 있어.

주어(He)가 3인칭 단수이고 현재 시제일 땐 have를 has로 바꿔줍니다.

❷ ________________ + **with Wi-Fi connection.** 그는 와이파이 연결에 문제가 있어.

와이파이 연결(Wi-Fi connection)과 동반된 문제(a problem)이기 때문에 '동반된, 포함된'을 의미하는 전치사 with를 사용합니다.

❸ ________________ + ________________ + **on his laptop.**
그는 그의 노트북 와이파이 연결에 문제가 있어.

와이파이 연결에 사용된 물건은 그의 노트북(his laptop)입니다. 어떤 일을 하기 위해서 사용된 물건을 나타낼 땐 전치사 on을 사용합니다.

2단계 발음학습 원어민 파일 듣고 따라 하기

He **ha**s a p**ro**blem wi*th* **Wi-Fi** co**nne**ction on *h*is **la**ptop.

- Wi-Fi에서 Wi는 [와이]가 아니고 [우**와**이↘]라고 [우]를 약하게 발음하거나 입모양으로 흉내만 내면서 모음을 차례대로 연결해서 발음합니다.
- connection은 2음절에 강세가 있습니다. 단어 중간 nn처럼 같은 자음이 연속해서 올 때는 한 번만 발음해줍니다.
- his처럼 h로 시작하는 대명사의 h는 발음하지 않는 편입니다.

1단계 뭉치학습 의미를 확장하면서 문장 만들기

have a word (말하다)

❶ I had a word. 난 말했어.

have는 '(특정 명사의 행동을) 하다'를 의미하기도 합니다. 함께 쓰인 명사 a word가 '말'이라는 의미여서, have a word가 '말하다'라는 의미가 됩니다. 하지만 문장은 '과거에 말했다'라는 의미이므로 have가 과거형 had로 바뀝니다.

❷ ____________ + with him. 난 그와 말했어.

전치사(with) 뒤에 대명사를 사용해야 할 땐 목적격 대명사(him)를 사용합니다.

❸ ____________ + __________ + in private. 난 그와 사적으로 말했어.

'~(인 상황)으로'라는 의미로 상태, 상황, 감정을 나타내는 전치사 in이 필요합니다. 그래서 in private은 사적인 상황을 나타냅니다.

2단계 발음학습 원어민 파일 듣고 따라 하기

I had a word with him in private.

- had a에서 d가 강모음(a)과 약모음(a) 사이에 놓여서 [ㄹ]로 발음됩니다.
- private은 1음절에 강세가 있습니다. 자음 r 앞에 모음 [으]를 살짝 넣어서 발음하면 좀 더 자연스럽습니다.

1단계 뭉치학습 의미를 확장하면서 문장 만들기

have a point (맞다, 일리가 있다)

❶ **You have a point.** 네 말이 맞아.

have가 '요점, 의미'란 의미의 명사 a point와 함께 '맞다, 일리가 있다'라는 의미가 됩니다.

❷ ________________ + **it would be better.** 네 말이 맞아, 더 나을 거야.

주어 자리에 to부정사구(to wait)가 나오는 것을 피하기 위해 가주어 It이 필요합니다. 미래에 대한 약한 추측을 나타내면서 '~할 것이다'라는 의미의 조동사 would가 나와야 합니다.

❸ ________________ + ________________ + **to wait.**
네 말이 맞아, 기다리는 게 더 나을 거야.

'기다리는 게'라는 건 '기다리는 것이'라는 의미로 문장의 진주어입니다. '기다리다'라는 의미의 동사 wait을 명사처럼 문장의 주어로 사용해야 할 땐 to부정사(to wait)로 바꿔줍니다.

2단계 발음학습 원어민 파일 듣고 따라 하기

You have a point, it would be better to wait.

- point처럼 -nt로 끝난 단어의 끝소리 t는 발음하지 않습니다.
- better에서 tt가 강모음(e)과 약모음(e) 사이에서 [ㄹ]로 발음됩니다.
- to는 모음을 강하게 [투]로 읽지 않고 약하게 [트↘]로 읽습니다.

자주 사용하는 패턴

[주어+have to+동사원형]은 '~해야 한다'라는 의미로, 강한 의무나 확신을 나타낼 때 사용합니다. have to는 should와 의미상 약간 다른데, should는 의무보다는 '권유'에 가까운 표현이어서 '~하는 게 낫다'를 나타냅니다.

1단계 뭉치학습 의미를 확장하면서 문장 만들기

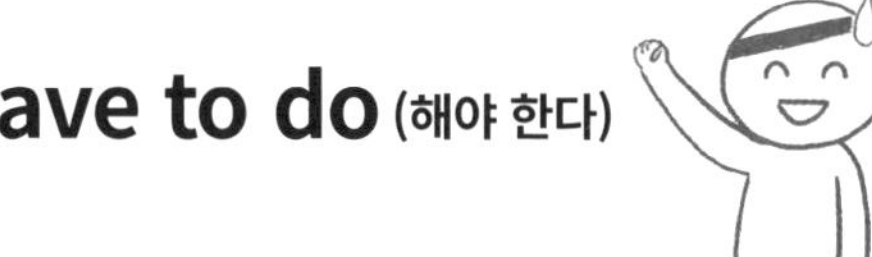

❶ I have to do. 난 해야 해.

have to 뒤에는 동사원형(do)이 나와야 합니다.

❷ ____________ + everything. 난 모든 걸 해야 해.

❸ ____________ + ____________ + I can. 난 내가 할 수 있는 모든 걸 해야 해.

everything을 뒤에서 수식해주는 형용사절이 필요합니다. 형용사절을 이끄는 관계대명사 that이 생략된 형태입니다.

2단계 발음학습 원어민 파일 듣고 따라 하기

I **ha**ve to **do e**verything I can.

- to는 [투]로 모음을 강하게 읽지 않고 짧고 약하게 [트↘]로 읽습니다.
- 명사 everything은 1음절에 강세가 있습니다. 특히 -thing 부분의 끝을 내려서 읽습니다.
- 긍정형 can은 모음을 강하고 길게 [애]로 발음하지 않고 모음을 약하게 [으]나 [어]로 발음합니다. 그래서 can을 [큰]이나 [컨]으로 발음합니다.

1단계 뭉치학습 의미를 확장하면서 문장 만들기

have to be (~이어야 한다)

❶ **I had to be there.** 난 거기에 있어야 했어.

'과거에 ~이어야 했다'라는 의미이므로 have to의 과거형 had to가 필요합니다. be동사는 '~에 있다, ~에 위치하다'라는 의미로 위치를 나타내기도 합니다.

❷ ______________ **+ to take a train.** 난 기차를 타려면 거기에 있어야 했어.

'기차를 타려면'이란 건 '기차를 타기 위해서'라는 이유나 목적을 나타내는 부사적인 의미입니다. 그래서 동사(take)를 부사로 사용하기 위해 to부정사(to take)로 바꿔줍니다.

❸ ______________ + ______________ **+ by the time.** 난 기차를 타려면 그 시간까지 거기에 있어야 했어.

'~까지'를 의미하며 정해진 시간까지 완료되어야 하는 행동이나 상황을 나타낼 땐 전치사 by를 사용합니다.

2단계 발음학습 원어민 파일 듣고 따라 하기

I had to be there to take a train by the time.

- there의 th[ð]를 발음할 땐, 혀끝을 치아 사이에 물고 빼면서 [ㄷ]라고 발음합니다. 하지만 day와 dear의 [d] 소리는 혀끝을 입천장의 돌출된 부분에 대고 목청을 울리면서 [ㄷ]라고 발음합니다. 두 소리의 차이를 비교해보세요.
- train처럼 tr로 시작하는 단어의 첫소리 t는 [츄]로 약하게 발음합니다.

3단계 자신감 up check! **문장 듣고 말하기**

그동안 학습한 20문장을 소리만 듣고
속도와 발음을 살려서 말할 수 있는지 체크해보세요.

1.

2.

3.

4.

5.

6.

7.

8.

9.

10.

11.

12.

13.

14.

15.

16.

17.

18.

19.

20.

반복해서
전문장 듣기

영어 단어가 머릿속에서 엉망이라면, [주어+동사]로 시작하기

영어를 배울 때 가장 먼저 하는 건 단어 암기입니다. '물'은 water이고 '가다'는 go, '긴'은 long, '매우'는 very, 이렇게 단어를 외웁니다. 하지만 막상 말을 하려면 머릿속이 엉망이 되죠. 왜 그럴까요? 우리가 외운 단어를 가지고 말을 한다는 건 문장을 만든다는 것입니다. 문장을 만들 때 비로소 문법이 필요합니다. 한국어와 영어는 문장을 만드는 규칙이 다릅니다. 한국어와 영어 문법의 가장 큰 차이는 한국어는 단어에 조사를 붙여서 문장을 만들지만, 영어는 단어의 순서를 지키면서 문장을 만든다는 것입니다.

아래에 단어 세 개가 있습니다.

사람들 people

물 water

마시다 drink

한국어는 주어에는 –은/는, -이/가, 목적어에는 –을/를 조사를 붙여서 "사람들은 물을 마신다."라는 문장을 만듭니다.

하지만 영어는 단어를 순서대로 말해야 합니다. 문장의 첫 번째 자리는 주어 자리, 두 번째 자리는 동사 자리, 세 번째 자리는 목적어 자리, 이렇게요. 자리에 맞게 단어를 순서대로 말해야 하며 이걸 어순이라고 합니다.

그래서 문장을 만들면 "People drink water."가 됩니다.

우리가 한국어를 말할 땐 순서를 크게 생각하지 않았는데, 영어로 말해야 할 땐 순서를 생각해야 한다는 것이 영어 공부의 도전 과제가 되어버렸습니다. 게다가 한국어 문장은 주어 다음에 목적어가 주로 나오고 동사가 맨 마지막에 나와서 막상 우리가 영어로 말할 때 주어 다음에 목적어에 해당하는 명사를 먼저 말하는 경향이 있습니다. 이렇게 한국어와 영어는 문장을 만드는 방법이 다르기 때문에 초급 영어 학습자들은 주어 다음에 바로 동사를 말하는 연습이 필요합니다.

2 만만한 DO

do로 20문장 만들기

DO

① do + 명사

- He does his duty as a manager at the store.
- I did my best to earn better score.
- Let's do lunch sometime next week.
- You say the right thing and do the right thing
- I'll do everything in love from now on.
- Let me do the math

② do + 부사

- He did well for his first year at work.
- Keep going. You're doing great

③ do + what절

- Do what you love and love what you do.

④ don't + 동사

- I don't care if he doesn't come back to me.
- It doesn't matter, if you fail, just do your best.
- I didn't mean to step on your foot.

⑤ do + 주어 + 동사

- Do you mind if I drop by later?
- I forgot my password. What do I do now?

⑥ Don't + 동사

- Don't waste your time on him.
- Don't be mad at me.

⑦ 자주 사용하는 표현

- Do me a favor by turning off that TV.
- I don't know what to do without you.

⑧ 자주 사용하는 패턴

- I'm done with it. I'm going home now.
- Why don't you read the comments?

do + 명사

[주어+do+목적어] 형태로 목적어 자리에 명사가 나오는 3형식 구조입니다. do는 '~을 하다'를 의미하며 do 뒤 다양한 명사와 함께 사용됩니다.

1단계 뭉치학습 의미를 확장하면서 문장 만들기

do his duty (그의 본분을 다하다)

❶ He does his duty. 그는 그의 본분을 다하고 있어.

주어(He)가 3인칭 단수이면서 현재 시제일 땐 do를 does로 바꿔줍니다.

❷ ________________ + as a manager. 그는 **매니저로서** 그의 본분을 다하고 있어.

'~로서'라는 의미로 자격이나 조건을 나타내는 전치사 as가 필요합니다.

❸ ________________ + ______________ + at the store.
그는 **가게에서** 매니저로서 그의 본분을 다하고 있어.

'~에서'를 의미하며 구체적이고 정확한 장소를 나타낼 땐 전치사 at을 사용합니다.

2단계 발음학습 원어민 파일 듣고 따라 하기

He **do**es his **du**ty as a **ma**nager at the s**to**re.

- h로 시작하는 대명사 his의 h는 발음하지 않습니다.
- duty에서 t가 강모음(u)과 약모음(y) 사이에서 [ㄹ]로 발음됩니다. 이때 [ㄹ]는 혀끝이 입천장의 볼록 튀어나온 부분에 살짝 닿으면서 발음합니다.
- store처럼 s 다음에 t가 나오면 t를 [ㅌ]가 아니고 [ㄸ]로 발음합니다.

1단계 뭉치학습 의미를 확장하면서 문장 만들기

do best (최선을 다하다)

❶ **I did my best.** 난 최선을 다했어.

'과거에 다했다'라는 의미이므로 do의 과거형 did가 필요합니다. best는 형용사나 부사뿐만 아니라 명사로서 '최선, 최고'라는 의미가 있습니다.

❷ ____________ **+ to earn.** 난 받으려고 최선을 다했어.

'(그럴만한 자격이 되어서) 받다, 얻다'라는 의미의 동사 earn이 필요합니다. 동사(earn)를 '~하려고, ~하기 위해서'라는 의미의 부사로 사용해야 할 땐 to부정사(to earn)로 바꿔줍니다.

❸ ____________ + ________ **+ better score.** 난 더 나은 점수를 받으려고 최선을 다했어.

형용사 good의 비교급 better가 필요합니다.

2단계 발음학습 원어민 파일 듣고 따라 하기

I did my best to earn better score.

- best to에서 t가 연속해서 나와서 연음이 됩니다. 이때 자음 t를 두 번 발음하지 않고 약간 길게 한 번만 발음합니다.
- better에서 tt가 강모음(e)과 약모음(e) 사이에 있어서 [ㄹ]로 발음됩니다.
- score에서 s 다음에 자음 c가 나왔습니다. s를 발음할 때 모음 소리를 만들어서 [스]라고 읽지 않고, 바람이 새듯이 [ㅅ] 소리만 냅니다.

1단계 뭉치학습 의미를 확장하면서 문장 만들기

do lunch (점심 먹다)

❶ Let's do lunch. 점심 먹자.

'(우리)~하자'라는 의미의 Let's가 필요합니다. Let's는 Let us의 줄임말입니다.

❷ ______________ + sometime. 언제쯤 점심 먹자.

'언제쯤'이란 의미의 부사 sometime이 필요합니다.

❸ ______________ + __________ + next week. 다음 주쯤 점심 먹자.

2단계 발음학습 원어민 파일 듣고 따라 하기

Let's **do lu**nch **so**metime **ne**xt **wee**k.

- lunch에서 끝에 ch는 [취]로 발음됩니다. 모음 [이]를 만들어서 길고 강하게 [취이]라고 발음하지 않고, 성대가 울리지 않게 짧게 [취↘]라고 끝을 내려서 발음합니다.
- sometime은 강세가 1음절에 있습니다.
- next week처럼 자음이 연속해서 세 개(xtw)가 나오면 가운데 자음(t)은 발음하지 않습니다.
- week은 한 번에 [윜]으로 발음하지 않습니다. 모음을 하나씩 연결하면서 [우**윜**↘]으로 발음하면 리듬을 좀 더 살릴 수 있습니다. 특히 w는 [우]를 약하게 발음하거나 입모양으로 흉내만 내면서 발음합니다.

1단계 뭉치학습 의미를 확장하면서 문장 만들기

do the right thing (올바른 행동을 하다)

❶ You say. 넌 말을 해.

❷ ________ + the right thing. 넌 올바른 말을 해.

'올바른 말을 하다'라는 건 '올바른 것을 말하다'라는 의미입니다. 그래서 say 뒤에 the right thing이 필요합니다.

❸ ________ + ______________ + and do the right thing.
넌 올바른 말을 하고 올바른 행동을 해.

'올바른 행동을 하다'라는 건 '올바른 것을 하다'라는 의미입니다. 그래서 do 뒤에 the right thing이 필요합니다.

2단계 발음학습 원어민 파일 듣고 따라 하기

You **sa**y the **ri**ght **thi**ng and **do** the **ri**ght **thi**ng.

- 형용사 right에서 gh는 묵음입니다. 특히 자음 r을 발음할 때 앞에 [으]를 살짝 넣어서 발음하면 리듬을 좀 더 살릴 수 있습니다. 't'는 받침소리로 끝을 올리지 않고 내려서 읽습니다.
- and처럼 자주 사용하는 단어 끝에 나오는 d는 발음하지 않습니다.

DAY 2-1

1단계 뭉치학습 의미를 확장하면서 문장 만들기

do everything (뭐든 하다)

❶ **I'll do everything.** 난 모든 일을 할 거야.

'~할 거야'라는 의미로 미래에 대한 강한 추측과 의지를 나타낼 땐 조동사 will을 사용합니다.

❷ ________________ + **in love.** 난 모든 일을 **사랑으로** 할 거야.

'~으로'라는 의미로 상태, 감정, 느낌 등을 나타내는 전치사 in이 필요합니다.

❸ ________________ + ________ + **from now on.**
난 **이제부터** 모든 일을 사랑으로 할 거야.

from now 뒤에 지속의 의미를 나타내는 부사 on이 필요합니다. from now on은 '이제부터 쭉'이라는 의미입니다.

2단계 발음학습 원어민 파일 듣고 따라 하기

I'll **do e**verything in **lo**ve from **no**w **o**n.

- I'll에서 I는 [아이]보다는 [아]로 ll은 혀끝을 윗니 뒷면에 대면서 [열]로 발음합니다. 그래서 I'll은 [아이윌]이나 [아이얼]이 아니라 짧고 약하게 [아열↘]이라고 끝을 내려서 발음합니다.
- on은 [온]이라고 발음하지 않습니다. 모음 o[ɔ]는 [오]라고 발음하고 턱을 내리면서 살짝 [아]로 발음합니다. 그래서 on은 [오안↘]이라고 끝을 내려서 발음합니다.

1단계 뭉치학습 의미를 확장하면서 문장 만들기

do the math (계산하다, 생각해보다)

❶ Let me. 내가 할게.

'~하게 하다, ~하게 시키다'라는 의미의 동사 let이 필요합니다. 〈let+목적어+보어〉 구조로 목적어 자리에 목적격 대명사 me가 나와야 합니다.

❷ ______ + do the math. 내가 계산해볼게.

math는 mathmatics의 줄임말로 '수학, 계산'이란 의미입니다. 하지만 과목명인 '수학'을 나타낼 때는 Math로 첫 글자를 항상 대문자로 써야 하고 정관사(the)가 붙지 않습니다.

2단계 발음학습 원어민 파일 듣고 따라 하기

Let me **do** the **math**.

- Let에서 모음(e)은 짧고 강하게 발음합니다. 그리고 t는 바람을 막듯이 받침소리를 냅니다.
- math의 끝에 나오는 th[θ] 소리는 혀끝을 윗니와 아랫니 사이에 물리고 바람을 내보내면서 [ㅆ]로 발음합니다. 하지만 th가 단어의 끝에 나오면 발음하지 않거나 약하게 발음합니다.

do + 부사

[주어+do+부사]의 형태로 1형식 문장입니다. 1형식 문장은 부사나 부사(전치사)구를 이용해서 문장의 의미를 확장해 갈 수 있습니다.

1단계 뭉치학습 의미를 확장하면서 문장 만들기

do well (잘하다)

❶ **He did well.** 그는 잘했어.

'과거에 했다'라는 의미이므로 do의 과거형 did가 필요합니다.

❷ ____________ **+ for his first year.** 그는 첫해에 잘했어.

'~동안'이란 의미로 기간을 나타내는 전치사 for를 사용합니다. 형용사 역할을 하는 his 대신에 the를 사용할 수 있습니다.

❸ ____________ + ________________ **+ at work.** 그는 입사(직장에서) 첫해에 잘했어.

'~에서'란 의미로 회사나 학교 등 일하는 장소를 나타내는 전치사 at이 필요합니다.

2단계 발음학습 원어민 파일 듣고 따라 하기

He **did** **we**ll for his **fi**rst **yea**r at **wo**rk.

- well은 쉬운 단어 같지만, 막상 정확하게 발음하려면 어렵습니다. 모음 we-를 [웨]로 한 번에 발음하지 않고 모음을 하나씩 연결해서 [우**웨**]라고 발음합니다. 또한 -ll은 혀끝을 윗니 뒷면에 살짝 대면서 [열]이라고 발음합니다. 그래서 well은 [우**웨**열↘]이라고 발음합니다. 한번 연습해보세요.

1단계 뭉치학습 의미를 확장하면서 문장 만들기

do great (잘하다)

❶ Keep going. 계속해.

'~를 계속하다'라는 의미인 keep ~ing가 필요합니다. keep going은 '계속해'라는 의미로 격려할 때 사용할 수 있습니다.

❷ ___________ + You're doing great. 계속해. 넌 잘하고 있어.

주어가 you일 땐 do의 현재진행형은 are doing이 됩니다.

2단계 발음학습 원어민 파일 듣고 따라 하기

Keep **go**ing. You're **do**ing g**re**at.

- going과 doing은 ing를 다 발음하지 않고 g를 빼고 goin이나 doin이라고 발음합니다. 특히 -in 부분을 짧고 약하게 끝을 내려서 읽습니다.
- keep과 great처럼 단어 끝에 p나 t가 모음 다음으로 나오면 [ㅍ], [ㅌ]는 받침소리가 됩니다. 특히 바람을 막는 식으로 끝을 내려서 발음하면 자연스럽습니다.

do + what절

[주어+do+목적어] 형태로 목적어 자리에 what절이 나온 3형식 구조입니다. what절은 what으로 시작하는 문장(절)을 말합니다. '~한/하는 것'으로 해석이 되며, 문장에서 명사가 들어가야 하는 자리인 주어, 목적어, 보어 자리에 나올 수 있습니다.

1단계 뭉치학습 의미를 확장하면서 문장 만들기

do what you love (네가 좋아하는 걸 하다)

❶ Do what you love. 네가 좋아하는 걸 해.

'~하는 것'을 의미하는 의문사 what 뒤에 주어와 동사 you love가 나와야 합니다.

❷ ______________ + and love. 네가 좋아하는 걸 하고, 좋아해라.

❸ ______________ + ________ + what you do.
네가 좋아하는 걸 하고 네가 하는 일을 좋아해라.

'~하는 것'을 의미하는 의문사 what 뒤에 주어와 동사 you do가 나와야 합니다.

2단계 발음학습 원어민 파일 듣고 따라 하기

Do what you **lo**ve and **lo**ve what you **do**.

- love는 모음 [으]를 만들어 [러브]라고 발음하지 않고, [**러**업↘]이라고 발음합니다. v는 윗니를 아랫입술에 살짝 얹은 상태에서 입안의 공기를 세게 내보내면서 [ㅂ] 소리를 냅니다.
- 자주 사용하는 단어 끝의 d나 t는 발음하지 않는 편입니다.

don't + 동사

do는 '하다'라는 의미뿐만 아니라 문장의 시제를 나타내거나, 의문문과 부정문을 만들 때도 사용됩니다.

1단계 뭉치학습 의미를 확장하면서 문장 만들기

don't care (상관없다)

❶ I don't care. 난 상관없어.

'~하지 않다'라는 의미이므로 현재 시제 부정형 don't가 필요합니다.

❷ ____________ + if he doesn't come back. 난 그가 다시 안 와도 상관없어.

주어(he)가 3인칭 단수이면서 현재 시제일 땐 don't를 doesn't로 바꿔줍니다.

❸ ____________ + ________________________ + to me.
난 그가 나에게 다시 안 와도 상관없어.

'~에게'라는 의미로 방향을 나타내는 전치사 to가 필요합니다. 전치사(to) 뒤에 대명사를 사용할 때는 목적격 대명사(me)를 사용합니다.

2단계 발음학습 원어민 파일 듣고 따라 하기

I don't care if he doesn't come back to me.

- 부정어는 중요한 정보이기 때문에 모음을 강하게 발음합니다. 그리고 don't나 doesn't처럼 nt로 끝나는 단어의 끝소리 t는 발음하지 않습니다.
- I don't에서 d가 모음(I)과 모음(o) 사이에서 [ㄹ]로 발음됩니다.
- back처럼 단어 끝이 〈자음+k〉이면 k를 발음하지 않습니다.

DAY 3-3

1단계 뭉치학습 의미를 확장하면서 문장 만들기

don't matter (상관없다)

❶ **It doesn't matter.** 상관없어.

주어(It)가 3인칭 단수이고 현재 시제일 땐 don't를 doesn't로 바꿔줍니다.

❷ ________________ + **if you fail.** 네가 실패해도, 상관없어.

'실패해도'라는 건 '실패하면'이라는 의미로 조건을 나타내는 if가 필요합니다.

❸ ________________ + __________ + **just do your best.**
만약 네가 실패해도 상관없어, 그냥 최선을 다해라.

'너의 최선을 다하다'라는 의미로 your best가 필요합니다. best가 명사로서 '최선'을 나타낼 때는 소유격 형용사(one's)나 정관사(the)와 함께 사용됩니다.

2단계 발음학습 원어민 파일 듣고 따라 하기

It **do**esn't **ma**tter if you **fa**il, **ju**st **do** your **be**st.

- 부정어 doesn't는 단어 끝의 t를 발음하지 않고 모음은 길고 강하게 발음합니다.
- matter에서 tt가 강모음(a)과 약모음(e) 사이에서 [ㄹ]로 발음됩니다. 혀끝을 입천장의 볼록 튀어나온 부분에 살짝 대면서 [ㄹ]로 발음합니다.
- if you에서 [f]로 끝나는 단어 뒤에 y로 시작하는 you가 나와서 연음하며 [퓨↘]로 발음합니다.
- just와 best처럼 단어 끝에 t가 s 다음에 올 때는 t를 [ㅌ]로 발음하지 않고 바람을 막는 소리를 냅니다.

1단계 뭉치학습 의미를 확장하면서 문장 만들기

don't mean (의도가 아니다)

❶ I didn't mean. 난 (~할) 의도가 아니었어요.

'과거에 하지 않았다'는 의미이므로 don't의 과거형 didn't가 필요합니다.

❷ ____________ + to step. 난 밟을 의도가 아니었어요.

동사(step)가 목적어 자리에 나올 땐 to부정사(to step)로 바꿔줍니다.

❸ ____________ + ______ + on your foot. 난 당신의 발을 밟을 의도가 아니었어요.

'~위, ~에'라는 의미로 표면이나 접촉을 나타내는 전치사 on이 필요합니다.

2단계 발음학습 원어민 파일 듣고 따라 하기

I **di**dn't **mea**n to s**te**p on your **foo**t.

- 부정어 didn't는 모음 i를 강하게 발음하고, 단어의 끝소리 t는 발음하지 않습니다. 특히, 두 번째 d와 n 사이에 숨어있는 모음 [으]의 영향으로 두 번째 d가 [ㄹ]로 발음됩니다. 그래서 didn't를 [**디**른↘]으로 읽습니다.
- step에서 s 다음에 나온 t를 [ㅌ]로 강하게 발음하지 않고 [ㄸ]로 발음합니다. 혀끝을 입천장의 볼록 튀어나온 부분에 대고 [ㄸ] 발음을 합니다.

Do + 주어 + 동사

의문문에도 Do를 사용합니다. '하다'로 해석을 하면 안 되고 의문사인 것을 나타내는 신호로 보면 됩니다. Do는 현재 시제를 나타내고, Does는 현재 시제이면서 주어가 3인칭 단수일 때 사용합니다. 과거 시제일 땐 Did를 사용합니다.

1단계 뭉치학습 의미를 확장하면서 문장 만들기

Do you mind? (될까요?)

❶ **Do you mind?** 될까요?

'Do you mind?'는 허락을 구하거나 정중히 부탁할 때 사용합니다.

❷ ____________ + **if I drop by.** 제가 잠깐 들러도 될까요?

오랜 기간 머무는 게 아니고 잠깐 들르는 경우엔 drop by를 사용합니다.

❸ ____________ + ____________ + **later?** 제가 **나중에** 잠깐 들러도 될까요?

2단계 발음학습 원어민 파일 듣고 따라 하기

Do you **mi**nd if I d**ro**p **by la**ter?

- 의문사 역할을 하는 Do는 강세를 살려서 읽습니다.
- mind에서 n 뒤에 나온 끝소리 d는 발음하지 않아야 자연스럽습니다.
- drop에서 첫소리 d 다음에 r이 나와서 d를 [쥬]로 발음합니다.
- later에서 t가 강모음(a)과 약모음(e) 사이에서 [ㄹ]로 발음됩니다.

1단계 뭉치학습 의미를 확장하면서 문장 만들기

What do I do? (어떡하지?)

❶ **I forgot my password.** 난 비밀번호를 까먹었어.

'과거에 까먹었다'는 의미이므로 forget의 과거형 forgot이 필요합니다.

❷ ______________________ + **What do I do?** 난 비밀번호를 까먹었어. 어떡하지?

What do I do?는 '나 어떻게 해?, 나 어쩌면 좋지?'라는 의미입니다.

❸ ______________________ + ______________ + **now?**
난 비밀번호를 까먹었어. 이제 어떡하지?

2단계 발음학습 원어민 파일 듣고 따라 하기

I for**go**t my **pa**ssword. **Wha**t do I **do no**w?

- forgot에서 강세가 가는 모음 o는 짧고 강하게 발음하며, 단어 끝의 t는 받침소리로 끝을 내려서 읽습니다.
- 의문사 What은 강하게 읽습니다.
- What 뒤에 나오는 do는 조동사로 쓰여서, 모음 o를 약하게 [드]로 발음하거나, 자음 d와 모음 o를 둘 다 약하게 [르]로 발음하기도 합니다.

Don't + 동사

[Don't+동사]는 부정명령문으로 '~하지 마'라는 의미입니다.

1단계 뭉치학습 의미를 확장하면서 문장 만들기

Don't waste (낭비하지 마)

❶ Don't waste. 낭비하지 마.

'낭비하다, 버리다'라는 의미의 동사 waste가 필요합니다.

❷ __________ + your time. 네 시간을 낭비하지 마.

❸ __________ + __________ + on him. 그에게 네 시간을 낭비하지 마.

'~에게'란 의미로 방향을 나타내는 전치사 on이 필요합니다. 전치사(on) 뒤에 대명사를 사용할 때에는 목적격 대명사(him)를 사용합니다.

2단계 발음학습 원어민 파일 듣고 따라 하기

Don't waste your time on him.

- waste에서 단어 끝에 나오는 e는 소리가 나지 않습니다. 그래서 자음 t와 your가 연음되면서 [츄어r↘]로 발음합니다.
- time은 혀끝을 입천장의 볼록 튀어나온 부분에 대고 바람을 내보내면서 [ㅌ]로 발음합니다. time의 e도 소리가 나지 않아서 뒤에 나오는 on과 연음이 됩니다.

1단계 뭉치학습 의미를 확장하면서 문장 만들기

Don't be (되지 마)

❶ **Don't be mad.** 화내지 마.

'화난'이란 의미의 형용사 mad가 필요합니다. 형용사를 동사처럼 만들어야 할 땐 be동사를 함께 사용합니다. 그래서 be mad는 '화내다'라는 의미가 됩니다.

❷ ____________ **+ at me.** 나한테 화내지 마.

'~에게'란 의미로 화라는 감정이 향하는 방향을 나타내는 전치사 at이 필요합니다. 전치사(at) 뒤에 대명사가 올 때는 목적격 대명사(me)가 와야 합니다

2단계 발음학습 원어민 파일 듣고 따라 하기

Don't be mad at me.

- 부정어 Don't는 단어 끝의 t를 발음하지 않고, 모음을 강하게 발음합니다.
- be동사는 강하게 읽지 않습니다.
- mad at에서 d가 강모음(a)과 약모음(a) 사이에서 [ㄹ]로 발음됩니다.

자주 사용하는 표현

1단계 뭉치학습 의미를 확장하면서 문장 만들기

do me a favor (부탁하다)

❶ Do me a favor. 부탁할게.

'제발 ~해주세요'라는 의미로 부탁할 때 사용하는 표현입니다.

❷ ______________ + by turning off. 부탁할게. 꺼줄래.

'~로써'란 의미로 수단이나 방법을 나타내는 전치사 by가 필요합니다. 전치사(by) 뒤에 동사(turn)를 써야 할 때는 동명사(turning)로 바꿔줍니다.

❸ ______________ + ______________ + that TV. 부탁할게. 그 TV를 꺼줄래.

2단계 발음학습 원어민 파일 듣고 따라 하기

Do me a **fa**vor by **tu**rning off that **TV**.

• favor는 1음절에 강세가 있습니다. [f]는 윗니로 아랫입술을 살짝 깨물고 바람을 세게 내보내면서 소리를 냅니다.

1단계 뭉치학습 의미를 확장하면서 문장 만들기

what to do (뭘 해야 할지)

❶ **I don't know.** 난 모르겠어.

'~하지 않는다'라는 의미이므로 현재 시제의 부정형 don't가 필요합니다.

❷ ____________ **+ what to do.** 난 뭘 해야 할지(를) 모르겠어.

'무엇을 ~(해야)할지'라는 의미의 〈what + to부정사〉 표현이 필요합니다.

❸ ____________ + __________ **+ without you.** 난 너 없이 뭘 해야 할지 모르겠어.

'~없이'란 의미의 전치사 without이 필요합니다. 전치사(without) 뒤에 대명사를 써야 할 때는 목적격 대명사(you)를 사용합니다

2단계 발음학습 원어민 파일 듣고 따라 하기

I don't know what to do without you.

- I don't의 d가 모음(I)과 모음(o) 사이에서 [ㄹ]로 발음됩니다. 그리고 단어 끝의 t는 발음하지 않습니다.
- know의 첫소리 k는 묵음입니다.
- what to처럼 t가 연속해서 나오면 앞의 t를 발음하지 않고 연음하여 한 번만 발음합니다.

자주 사용하는 패턴

1단계 뭉치학습 의미를 확장하면서 문장 만들기

be done (끝내다)

❶ I'm done. 난 끝냈어.

숙제나 업무를 다 끝내거나 혹은 식당에서 음식을 다 먹었을 때 사용할 수 있습니다. 또한 '그만두다', '절교하다'라는 의미도 있습니다. be done 대신에 'be finished'라고 할 수도 있습니다.

❷ ________ + with it. 난 이거 끝냈어.

'~와 관련된'이란 의미로, 끝낸 것이 무엇인지 그 대상을 표현할 땐 전치사 with를 사용합니다.

❸ ________ + ______ + I'm going home now. 난 이거 끝냈어. 이제 난 집에 갈게.

be -ing 형태는 진행형을 나타내기도 하지만 가까운 미래에 일어날 확실한 일이나 상황을 나타낼 때도 사용합니다.

2단계 발음학습 원어민 파일 듣고 따라 하기

I'm **do**ne with it. I'm **go**ing **ho**me **no**w.

- done에서 모음 o는 [ʌ] 소리가 납니다. 모음이 한 소리로 [어]나 [아]로 나지 않고, [어] 하고 턱을 아래로 내리면서 입을 벌려 [아]로 약하게 발음합니다. 그래서 done은 [던]이나 [단]이 아니고 [**더**안↘]으로 발음합니다.

1단계 뭉치학습 의미를 확장하면서 문장 만들기

Why don't you? (넌 ~하는 게 어때?)

❶ Why don't you? 넌 어때?

'Why don't you~?'는 '~하는 게 어때?'라는 의미로 상대방에게 제안할 때 사용합니다. '왜 넌 ~하지 않아?'라는 의미로 이해하지 않도록 하세요.

❷ ________________ + read? 넌 읽어보는 게 어때?

'Why don't you' 뒤에는 동사원형(read)이 나와야 합니다.

❸ ________________ + ______ + the comments? 넌 댓글들을 읽어보는 게 어때?

2단계 발음학습 원어민 파일 듣고 따라 하기

Why don't you **rea**d the **co**mments?

- 의문사 Why는 강하게 읽습니다.
- Why don't you~? 표현에서 don't은 부정의 뜻을 나타내지 않기 때문에 모음(o)을 강하게 읽지 않습니다. don't의 d가 강모음(y)과 약모음(o) 사이에서 [ㄹ]로 발음됩니다.
- read의 d[d]와 the의 th[ð]가 같은 소리를 내므로 연음하여 한 번만 발음합니다. 이때는 앞에 나오는 소리를 생략합니다.

3단계 자신감 up check! **문장 듣고 말하기**

그동안 학습한 20문장을 소리만 듣고
속도와 발음을 살려서 말할 수 있는지 체크해보세요.

1.

2.

3.

4.

5.

6.

7.

8.

9.

10.

11.

12.

13.

14.

15.

16.

17.

18.

19.

20.

반복해서
전문장 듣기

동사의 다섯 가지 유형

문장 형식에 대한 이야기를 할 때는 조심스럽습니다. 영어 문장의 구조와 뜻을 이해하는 데 필요한 개념이지만 잘못된 한국식 영문법이란 오해도 있기 때문입니다. 사실 문장 형식은 동사 자리에 어떤 동사가 나오느냐에 따라서 [주어+동사] 이후 달라지는 해석에 대한 이야기입니다. 또한 동사를 기준으로 영어 문장을 순서대로 해석하고, 순서대로 말할 수 있게 구조를 익히는 학습 과정이기도 합니다.

우선, 동사는 '~다'로 끝나는 단어를 말합니다. 자세히 살펴보면 어떤 동사는 '~하다'로 끝나고, 어떤 동사는 '~이다'로 끝납니다. '~하다'라는 동사는 주어의 행동이나 동작을 나타내서 '동작동사'라고 하고, '~이다'라는 동사는 주어의 상태를 나타내서 '상태동사'라고 합니다. 동작동사는 동작이 닿는, 동작이 향하는 사물이나 사람이 함께 표현이 되고, 이것을 목적어라고 합니다. 그리고 상태동사는 주어의 상태가 '어떻다'라는 의미가 함께 표현이 되고, 이것은 보어라고 합니다.

이렇게 문장의 동사 자리에 어떤 동사(동작동사 or 상태동사)가 나오느냐에 따라 뒤에 나오는 단어가 달라집니다. 동작동사 뒤는 목적어 자리이고 목적어 자리에는 명사만 나와야 합니다. 상태동사 뒤는 보어 자리이고 보어 자리에는 명사나 형용사가 나올 수 있습니다. 이러한 차이로 문장 구조가 달라집니다. 문장 구조를 이해하면, 문장 해석뿐만 아니라 문장을 만들 때 생각을 정리하기 쉬워집니다.

동사를 기준으로 달라지는 문장의 다섯 가지 유형을 알아보겠습니다.

1형식 동사: [주어+동작동사] 형태의 문장을 만듭니다.

[동작동사 + 목적어]가 기본입니다. 하지만 1형식 동사 뒤에 목적어가 나오지 않는 이유는 동사의 뜻 때문입니다. 1형식 동사는 동작을 나타내는 동사이지만, 동사 안에 이미 목적어에 해당하는 의미가 들어가 있습니다. 예를 들면 swim은 '수영하다'는 뜻입니다. '수영하다'는 '수영을 하다'라는 의미이고 이미 동작의 대상인 '수영'이 동사 뜻 안에 있습니다.

예) arrive(도착하다), go(가다), come(오다), sleep(잠자다), stay(머무르다), work(일하다), happen(일어나다)

2형식 동사: [주어+상태동사+보어] 형태의 문장을 만듭니다.

보어 자리에는 명사나 형용사가 나옵니다. 명사가 나오면 주어의 직업이나 이름 등 신분을 나타내고, 형용사가 나오면 주어의 상태를 나타냅니다. 다시 말하면 보어는 주어의 정체를 나타냅니다.

예) be(이다), go(상태로 되다), seem(~인 듯 보이다), become(되다), sound(들리다)

3형식 동사: [주어+동작동사+목적어] 형태의 문장을 만듭니다.

목적어 자리에는 명사만 나와야 합니다. 많은 문법책에서 목적어는 동작의 대상이라고 설명하지만 이해하기 어렵습니다. 목적어는 주어의 행동이 닿는, 주어의 행동이 향하는 사물이나 사람으로 이해하면 쉽습니다. 예를 들면, miss는 '그리워하다'입니다. 그리워하는 행동이 닿는, 그리워하는 행동이 향하는 사람이 목적어가 되는 것입니다. 'I miss you.'에서 그리워하는 행동이 향하는, 그리워하는 행동이 닿는 개념은 명사 you가 됩니다. 이것이 목적어입니다.

예) have(가지다), want(원하다), know(알다), check(확인하다), like(좋아하다)

4형식 동사: [주어+동작동사+간접목적어+직접목적어] 형태의 문장을 만듭니다.

[동작동사 + 목적어]가 기본 구조입니다. 다시 말하면 동작동사 한 개에 목적어 한 개가 나와야 합니다. 하지만 4형식 동사를 자세히 보면 동사 뜻에 동작이 두 개가 들어있습니다. 예를 들면, buy는 '사주다'라는 뜻으로 '사서 주다'라는 의미가 되며, '사다'라는 동작과 '주다'라는 동작이 있는 것입니다. 그래서 buy는 동작이 두 개이기 때문에 목적어도 두 개가 나와야 합니다. 이렇게 동작의 의미에 give의 뉘앙스가 추가된 동사가 4형식 동사라고 이해하면 쉽습니다.

예) lend(빌려주다), send(보내주다), tell(말해주다), show(보여주다), make(만들어주다)

5형식 동사: [주어+동작동사+목적어+보어] 형태의 문장을 만듭니다.

[동작동사 + 목적어]와 [상태동사 + 보어]가 기본 구조입니다. 5형식 동사는 기본은 동작동사인데, '(동작)을 해서 (상태)가 되게 하다'라는 의미가 있어서 동사 안에 '하다'라는 동작과 '되다'라는 상태가 둘 다 들어가 있습니다. 예를 들면, let은 '시키다'라는 뜻입니다. 시키는 동작의 결과로 목적어의 상태가 달라집니다. 'I let him go.'에서 주어의 동작이 향하는 명사 him이 목적어이고, 동작에 대한 결과로 him의 상태가 go가 되었습니다. 이렇게 let은 동작 한 개 그리고 상태 한 개이어서, 목적어 한 개와 보어 한 개가 나와야 합니다. 동작의 의미에 force(영향력 행사) 뉘앙스가 있으면 5형식 동사라고 이해하면 쉽습니다.

예) make(~하게 만들다), name(~라고 부르다), consider(~라고 간주하다), let(~하게 시키다)

이처럼 3형식 동사에 give의 뉘앙스가 추가되면 4형식 문장이 되고 3형식 동사에 force의 뉘앙스가 추가되면 5형식 문장이 됩니다. 대표적인 동사가 make입니다.

아래 세 문장을 비교해보세요.

① I made juices.

② I made her juices.

③ I made her happy.

①번 make는 '만들다'라는 의미이고 3형식 문장입니다. ②번 make는 '만들어주다'라는 의미로 4형식 문장입니다. ③번 make는 '~한 상태가 되게 만들다'라는 의미이고 5형식 문장입니다. 이렇게 동사의 특징에 따라 달라지는 문장의 형식을 이해하는 것이 영어 문장의 뜻을 이해하는 데 중요합니다.

3
만만한
GO
go로 20문장 만들기

① go + 형용사

- If anything goes wrong, I'll call you.
- I should go easy on him for a while.

② go + 부사

- I'll go back to normal after a long trip.
- I'll go away for a while and think about it.
- He went this way alone for a shortcut.
- I go there once a year.
- One year goes by fast like an arrow.
- Go ahead, I'll come after you.
- I have no idea what's going on in her life.

③ go + 동사

- I'll go play soccer after dinner.
- I'll go get the file for you.

④ go + 전치사

- I'll go to college to study computer science.
- I'll go for a walk near my house.
- Whatever happens, I'll go with you.
- He went through the checkout without paying.
- We went after him right after he left.

⑤ 자주 사용하는 패턴

- I'm going to wake you up at 6 a.m.
- He's going to be here to pick you up.
- I'm gonna stay here until tomorrow.
- I'm gonna be patient and wait in line.

go + 형용사

[주어+go+보어] 형태로 보어 자리에 형용사가 나오는 2형식 구조입니다. 특히, 2형식 구조의 go는 '~한 상태가 되다'로 상태의 변화를 나타냅니다.

1단계 뭉치학습 의미를 확장하면서 문장 만들기

go wrong (잘못되다, 고장 나다)

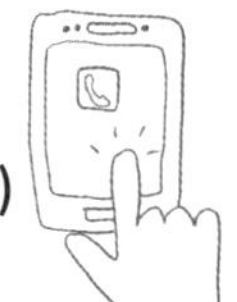

❶ **If anything goes wrong, 뭐라도 잘못되면,**

'무엇이든, 아무것'이란 의미의 명사 anything이 필요합니다. 주어(anything)가 3인칭 단수이고, 현재 시제이기 때문에 go를 goes로 바꿔줍니다.

❷ **____________________ + I'll call you. 뭐라도 잘못되면, 내가 너한테 전화할게.**

I'll call you는 주절입니다. 주절의 시제가 미래일지라도, 조건을 나타내는 if절은 현재 시제(goes)를 사용합니다.

2단계 발음학습 원어민 파일 듣고 따라 하기

If **a**nything **go**es **wro**ng, I'll **ca**ll you.

- wrong에서 w는 묵음입니다. r은 혀를 입천장에 안 닿게 목구멍 쪽으로 구부려서 약하게 [으] 소리를 내면서 r 발음을 합니다. 그래서 wrong은 [으**뤄**엉↘]으로 발음합니다.
- I'll에서 ll 소리는 혀끝을 윗니 뒷면에 대면서 약하게 [열]이라고 발음합니다. 그래서 I'll은 [아열↘]이라고 짧고 약하게 발음합니다.

1단계 뭉치학습 의미를 확장하면서 문장 만들기

go easy (봐주다)

❶ **I should go easy.** 난 봐주는 게 낫겠어.

'~하는 게 낫다'라는 의미의 조동사 should가 필요합니다. should 뒤에는 동사원형이 나옵니다.

❷ ________________ + **on him.** 난 그를 봐주는 게 낫겠어.

봐주는 대상을 나타낼 땐 전치사 on이나 with를 사용합니다. 전치사(on) 뒤에 대명사를 써야 할 때는 목적격 대명사(him)가 나와야 합니다.

❸ ________________ + ________ + **for a while.** 난 당분간은 그를 봐주는 게 낫겠어.

'~동안'이란 의미로 기간을 나타내는 전치사 for가 필요합니다. 그래서 for a while은 '당분간, 잠시'라는 의미가 됩니다.

2단계 발음학습 원어민 파일 듣고 따라 하기

I should **go ea**sy on him for a **whi**le.

- go의 모음 o는 [오우]로 발음되기 때문에 go는 [고]가 아니고 [**꼬**우↘]라고 발음합니다.
- while은 [와일]이 아니고 [우**와**열↘]이라고 발음합니다. 이렇게 발음이 되는 이유는 자음 l 때문입니다. 자음 l이 모음 뒤에 오면 앞에 있는 모음 소리를 변화시킵니다. 그래서 모음 i[aɪ]가 자음 l을 만나 [아이열]이 아니고 [아열]로 바뀌게 되죠. 그래서 while을 읽을 때 우선 [우]는 약하게 발음하거나 입으로 [우] 흉내만 내고 [아열]을 연결해서 [우**와**열↘]이라고 읽습니다.

go + 부사

[주어+go+부사]는 1형식 구조로 부사를 사용해서 다양한 상황을 표현할 수 있습니다.

1단계 뭉치학습 의미를 확장하면서 문장 만들기

go back (돌아가다)

❶ **I'll go back.** 난 돌아갈 거야.

'~할 것이다'라는 의미로 미래에 대한 강한 의지를 나타내는 조동사 will이 필요합니다.

❷ __________ + to normal. 난 일상으로 돌아갈 거야.

'~(으)로'란 의미로 방향을 나타낼 땐 전치사 to가 나옵니다.

❸ __________ + __________ + after a long trip.
난 긴 여행을 마치고 일상으로 돌아갈 거야.

'~을 마치고'라는 건 '~후에'라는 의미이므로 전치사 after가 필요합니다.

2단계 발음학습 원어민 파일 듣고 따라 하기

I'll **go ba**ck to **no**rmal **a**fter a **lo**ng t**ri**p.

- back처럼 단어 끝이 〈자음+k〉로 끝나면 k는 발음하지 않습니다.
- normal은 1음절에 강세가 있습니다.
- trip처럼 t 뒤에 r이 나오면 t를 [ㅌ]로 발음하지 않고 [츄]로 약하게 발음합니다.

1단계 뭉치학습 의미를 확장하면서 문장 만들기

go away (떠나가다, 없어지다)

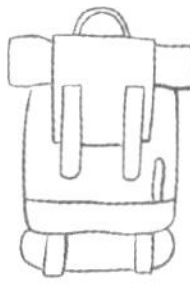

❶ **I'll go away.** 난 떠날 거야.

go가 부사 away와 함께 '(다른 데로) 떠나다'라는 의미가 됩니다.

❷ ___________ + **for a while.** 난 잠시 떠날 거야.

'~하는 동안'이란 의미로 기간을 나타내는 전치사 for와 '얼마간, 조금'이라는 의미의 명사 'a while'이 함께 쓰여 '당분간, 잠시'라는 의미가 됩니다.

❸ ___________ + ___________ + **and think about it.**
난 잠시 떠나서 그것에 대해 생각할 거야.

'~에 대해서'라는 의미의 전치사 about이 필요합니다.

2단계 발음학습 원어민 파일 듣고 따라 하기

I'll **go** a**wa**y for a **whi**le and **thi**nk a**bo**ut it.

- away는 2음절에 강세가 있습니다. 첫소리 a를 강하게 발음하지 않습니다.
- while의 h는 묵음입니다. h를 발음하지 않으면서 [우**와**열↘]이라고 읽습니다. 이때 [우]는 약하게 발음하거나 입모양으로 흉내만 냅니다.
- about it에서 t가 강모음(ou)과 약모음(i) 사이에서 [ㄹ]로 발음됩니다.

1단계 뭉치학습 의미를 확장하면서 문장 만들기

go this way (이쪽으로 가다)

❶ **He went this way.** 그는 이쪽으로 갔어.

'과거에 갔다'는 의미이므로 go의 과거형 went가 나옵니다.

❷ ________________ + **alone.** 그는 이쪽으로 **혼자** 갔어.

❸ ________________ + _____ + **for a shortcut.**
그는 **지름길 때문에** 이쪽으로 혼자 갔어.

'~때문에'란 의미로 이유나 목적을 나타내는 전치사 for가 필요합니다.

2단계 발음학습 원어민 파일 듣고 따라 하기

He **we**nt this **wa**y a**lo**ne for a shor**tcu**t.

- went처럼 nt로 끝나는 단어의 끝소리 t는 발음하지 않습니다.
- went나 way는 [웬]이나 [웨이] 이렇게 모음을 한 번에 강하게 발음하지 않고, [우**웬**↘] [우**웨**이↘] 라고 모음을 하나씩 연결해서 발음합니다. 특히 w는 약하게 [우]로 발음하거나 입으로 [우] 흉내만 냅니다.
- alone은 2음절에 강세가 있습니다. 첫소리 a를 강하게 읽지 않습니다. 자음 l 앞에 [을]을 살짝 넣어서 발음하면 더 자연스럽습니다.
- shortcut에서 단어 중간에 자음이 세 번(rtc) 연속해서 나옵니다. 이럴 땐 가운데 자음(t)을 발음하지 않습니다.

1단계 뭉치학습 의미를 확장하면서 문장 만들기

go there (거기에 가다)

❶ I go there. 난 거기에 가.

❷ ________ + once. 난 거기에 한 번씩 가.

'한 번'이란 의미의 부사 once가 필요합니다.

❸ ________ + _____ + a year. 난 거기에 일 년에 한 번씩 가.

'일 년에'는 '일 년마다'라는 의미입니다. 일정 기간마다(동안) 일어나는 횟수를 나타내는 관사 a가 필요합니다. 그래서 a year라고 하면 '일 년이라는 기간 동안, 일 년마다'라는 의미가 됩니다.

2단계 발음학습 원어민 파일 듣고 따라 하기

I go there Once a year.

- year는 y[j] 소리 때문에 발음하기 어려운 단어입니다. [j]는 혀의 중간이나 뒷부분이 입천장에 닿으면서 나는 소리입니다. 한국말로 [에]와 [예]를 발음해보세요. 혀의 뒷부분이 입천장에 닿는 소리는 [예]입니다. 이런 느낌으로 year를 발음해보세요.
  year와 비교되는 단어 ear가 있습니다. ear는 혀끝이 바닥에 닿으면서 발음됩니다. 이번엔 ear를 발음해보세요.
  정리하면 year는 목 안쪽에서 무겁게 소리가 나고 ear는 입 앞쪽에서 가볍게 소리가 납니다.

1단계 뭉치학습 의미를 확장하면서 문장 만들기

go by (지나가다)

❶ **1 year goes by.** 1년이 지나가네.

주어(1 year)가 3인칭 단수이며 현재 시제일 땐 go를 goes로 바꿔줍니다. by는 '~(옆을)지나'라는 의미의 부사입니다. 그래서 go by는 '시간이 (지나)가다'라는 의미가 됩니다.

❷ ______________ + **fast.** 1년이 빠르게 지나가네.

❸ ______________ + ____ + **like an arrow.** 1년이 화살처럼 빠르게 지나가네.

like는 '좋아하다'라는 의미뿐만 아니라 '처럼, ~같이'라는 의미의 전치사로도 많이 사용됩니다. arrow처럼 모음으로 시작하는 단어 앞에선 a를 an으로 바꿔줍니다.

2단계 발음학습 원어민 파일 듣고 따라 하기

One y**ea**r **go**es **by fa**st like an **a**rrow.

- year의 y [j]는 혀의 중간이나 뒷부분이 입천장에 닿으면서 나는 소리입니다. 소리가 목구멍 안쪽에서 납니다.
- fast처럼 –st로 끝나는 단어의 t는 발음하지 않습니다.
- arrow은 1음절에 강세가 있습니다.

1단계 뭉치학습 의미를 확장하면서 문장 만들기

go ahead (앞서 가다)

❶ **Go ahead.** 앞서 가.

'앞에'라는 의미의 부사 ahead가 필요합니다.

❷ ________ + **I'll come after.** 앞서 가, 내가 따라갈게.

come after는 '따라가다, 뒤쫓다'라는 의미입니다.

❸ ________ + ____________ + **you.** 앞서 가, 내가 널 따라갈게.

2단계 발음학습 원어민 파일 듣고 따라 하기

Go a**hea**d, I'll **co**me **a**fter you.

- go의 모음 o는 [오우]로 발음하기 때문에 go는 [고]가 아니고 [**꼬**우↘]라고 발음합니다.
- ahead는 2음절에 강세가 있습니다. 첫소리 a를 강하게 발음하지 않습니다.
- I'll은 짧고 약하게 [아열↘]로 발음하고, 뒤에 나오는 동사 come은 강하게 읽습니다.
- after는 1음절에 강세가 있습니다.

DAY 3-1

1단계 뭉치학습 의미를 확장하면서 문장 만들기

what's going on (무슨 일이 일어나는지)

❶ I have no idea. 난 전혀 모르겠어.

I have no idea는 '난 전혀 모른다'라는 의미로 'I don't know'를 강조할 때 사용합니다.

❷ ____________ + what's going on. 난 무슨 일이 일어나는지 전혀 모르겠어.

'~한 것, 무슨 ~이'라는 의미의 관계대명사 what이 필요합니다. 여기에서 what은 what절의 주어 역할까지 해서 what 뒤에 동사구 is going on이 바로 나옵니다.

❸ ____________ + ______________ + in her life. 난 그녀 인생에 무슨 일이 일어나는지 전혀 모르겠어.

'~에'란 의미로 비교적 긴 기간의 일부나 전체를 나타내는 전치사 in이 필요합니다.

2단계 발음학습 원어민 파일 듣고 따라 하기

I **ha**ve **no ide**a what's **go**ing **O**n in her **l**ife.

- 부정어 no는 강하게 읽습니다.
- idea는 2음절에 강세가 있습니다. 특히 idea는 [아이디어]가 아니고 [아이**디**야↘]라고 읽습니다.
- what's에서 단어 끝의 ts는 [ㅉ↘]로 약하게 발음합니다.
- life의 첫소리 자음 l은 혀끝을 앞니 뒤에 대고 세게 밀면서 발음합니다. 자음 l은 앞에 [을]을 약하게 넣어서 발음하면 리듬을 더 살릴 수 있습니다.

go + 동사

[주어+go+동사]는 '(주어)는 ~하러 가다'라는 의미를 나타냅니다. 문법적으로 go 뒤에 또 동사를 사용하면 안 되지만, 이 구조는 사실 'go and 동사' 구조입니다. 일상적으로 말할 때는 간편하고 간략하게 말하는 편이어서, and를 생략해서 사용하다 보니 이것이 하나의 구조가 되었습니다.

1단계 뭉치학습 의미를 확장하면서 문장 만들기

go play ((운동) 하러 가다)

❶ I'll go play. 난 하러 갈 거야.

축구처럼 역할이나 도구를 가지고 하는 운동을 말할 땐 동사 play를 사용합니다.

❷ ___________ + soccer. 난 축구하러 갈 거야.

❸ ___________ + _______ + after dinner. 난 저녁 먹고 축구하러 갈 거야.

'저녁 먹고'는 '저녁 후에'라는 의미여서 전치사 after를 사용합니다.

2단계 발음학습 원어민 파일 듣고 따라 하기

I'll **go** pl**a**y **so**ccer **a**fter **di**nner.

- play에서 자음 p는 윗입술과 아랫입술을 말아 넣고 바람만 내보내면서 [ㅍ]라고 합니다. 자음 l은 앞에 [을]을 약하게 넣어서 발음합니다. 그래서 play는 [ㅍ을**레**이↘]라고 발음합니다.
- soccer는 1음절에 강세가 있으며, 첫소리 s는 [ㅆ]로 발음합니다.
- dinner는 1음절에 강세가 있습니다.

1단계 뭉치학습 의미를 확장하면서 문장 만들기

go get (가서 가져오다)

❶ **I'll go get.** 내가 가서 가져올게.

go 뒤에 '(어디에 가서)가져오다'라는 의미의 동사 get이 필요합니다.

❷ ________ + **the file.** 내가 가서 파일을 가져올게.

정관사 the는 이미 언급되었거나 쉽게 알 수 있는 명사 앞에 붙입니다. 그래서 상대방에게 the file이라고 할 땐 상대방이 그게 어떤 파일인지 알고 있는 상황입니다.

❸ ________ + ______ + **for you.** 내가 너 대신 가서 파일을 가져올게.

'~를 위해'란 의미로 누군가를 도와주기 위한 행동을 할 땐 전치사 for를 사용합니다. 전치사(for) 뒤에 대명사가 나올 땐 목적격 대명사(you)가 나와야 합니다.

2단계 발음학습 원어민 파일 듣고 따라 하기

I'll **go ge**t the **fi**le for you.

- I'll은 짧고 약하게 [아열]로 발음하고, 뒤에 나오는 동사 go를 강하게 읽습니다.
- get의 모음 e는 짧고 강하게 발음합니다. t는 받침소리로 발음합니다.
- the는 짧고 약하게 [드]처럼 발음합니다.
- file은 [파일]이 아니고 [**파**열↘]로 발음합니다. file의 자음 l이 앞에 나온 모음 소리를 바꾸기 때문입니다. 다시 한 번 듣고 file이 어떻게 들리는지 확인해보세요.

go + 전치사

[주어+go+전치사] 구조로 1형식 문장입니다.

1단계 뭉치학습 의미를 확장하면서 문장 만들기

go to (~에 가다)

❶ **I'll go to college.** 난 대학에 갈 거야.

'~에'란 의미로 방향을 나타내는 전치사 to가 필요합니다.

❷ ______________ + **to study.** 난 공부하기 위해서 대학에 갈 거야.

동사(study)가 부사처럼 목적(~하기 위해서)을 나타낼 땐 to부정사(to study)로 바꿔줍니다. 그래서 to study는 '공부하기 위해서'라는 의미가 됩니다.

❸ ______________ + ________ + **computer science.**
난 컴퓨터 공학을 공부하기 위해서 대학에 갈 거야.

과목명(computer science) 앞에는 정관사 the를 사용하지 않습니다.

2단계 발음학습 원어민 파일 듣고 따라 하기

I'll **go** to **co**llege to **stu**dy com**pu**ter **sci**ence.

- go to에서 t가 강모음(o)과 약모음(o) 사이에서 [ㄹ]로 발음됩니다.
- study에서 d는 강모음(u)과 약모음(y) 사이에서 [ㄹ]로 발음됩니다. 첫소리 s 다음에 t가 올 땐 t를 [ㅌ]가 아니라 [ㄸ]로 발음합니다.
- computer에서 t가 강모음(u)과 약모음(e) 사이에 와서 [ㄹ]로 발음됩니다.
- science처럼 sc가 단어의 첫소리로 나올 때는 [ㅆ]로 발음합니다.

DAY 4-1

1단계 뭉치학습 의미를 확장하면서 문장 만들기

go for (~하러 가다)

❶ I'll go. 난 갈 거야.

'~할 거야'라는 의미로 미래에 대한 다짐을 나타낼 땐 조동사 will을 사용합니다.

❷ ______ + for a walk. 난 산책하러 갈 거야.

'~하러'란 의미로 목적을 나타내는 전치사 for가 필요합니다. 그래서 for a walk은 '산책하러'라는 의미가 됩니다.

❸ ______ + __________ + near my house. 난 집 근처로 산책하러 갈 거야.

'~근처'라는 의미의 전치사 near가 필요합니다.

2단계 발음학습 원어민 파일 듣고 따라 하기

I'll **go** for a **wa**lk near my **ho**use.

- go는 모음을 한 번에 강하게 [고]라고 발음하지 않습니다. 모음 o는 [**오**우]소리가 나서, go를 [**꼬**우↘]라고 발음합니다.
- walk에서 l은 묵음입니다. 모음 wa-를 한 번에 [워]로 강하게 발음하지 않고, 하나씩 연결해서 [우**워**]라고 발음하고 받침소리 k를 더해서 [우**웍**↘]이라고 읽습니다. 이때 [우]는 약하게 발음하거나 입으로 흉내만 냅니다.

1단계 뭉치학습 의미를 확장하면서 문장 만들기

go with (~와 가다)

❶ **Whatever happens.** 무슨 일이 있어도.

'무슨 일이 ~하더라도'란 의미의 복합 관계대명사 Whatever가 필요합니다. 〈whatever +동사〉 구조는 명사절로 문장의 주어, 목적어, 보어 자리에 올 수 있습니다. 특히 whatever는 3인칭 단수 취급을 하며, 조건을 나타내는 문장은 현재 시제가 미래를 대신하기 때문에 happen를 happens로 바꿔줍니다.

❷ ________________ + **I'll go.** 무슨 일이 있어도, 난 갈 거야.

주절(I'll go)의 시제는 미래이지만, 조건절(Whatever happens)의 시제는 현재가 됩니다.

❸ ________________ + ______ + **with you.** 무슨 일이 있어도, 난 너랑 갈 거야.

'~랑, ~와 함께'라는 의미의 전치사 with가 필요합니다. 전치사(with) 뒤에 대명사가 올 땐 목적격 대명사(you)를 사용합니다.

2단계 발음학습 원어민 파일 듣고 따라 하기

Whatever happens, I'll go with you.

- whatever에서 h는 묵음입니다. 모음 wa-를 한 번에 [와]로 발음하지 않고, 하나씩 연결해서 [우와]라고 발음하고 받침소리(t)를 더해서 [우왇]이라고 발음합니다.
- I'll은 강하고 길게 [아이일]이라고 발음하지 않고 짧고 약하게 [아열↘]이라고 발음합니다.
- with you에서 th[θ]로 끝나는 단어 뒤에 y로 시작하는 you가 나와서 연음하여 [뜌↘]로 발음합니다.

1단계 뭉치학습 의미를 확장하면서 문장 만들기

go through (통과하다)

❶ **He went through.** 그는 통과했어.

'과거에 통과했다'라는 의미이므로 go의 과거형 went가 필요합니다. 그리고 '~을 통해, ~을 거쳐'라는 의미의 전치사 through가 필요합니다. 이렇게 go through는 '~를 통과하다'라는 의미 외에도, '~을 살펴보다, ~을 겪다, ~을 거치다, ~을 다 써버리다' 등 다양한 의미가 있습니다.

❷ ________________ **+ the checkout.** 그는 계산대를 통과했어.

정관사 the는 이미 언급되었거나 쉽게 알 수 있는 명사 앞에 붙입니다. the를 꼭 '그'라고 해석하지 않아도 됩니다.

❸ ________________ + ______________ **+ without paying.**
그는 계산 없이 계산대를 통과했어.

'~없이'라는 의미의 전치사 without이 필요합니다. 전치사(without) 뒤에 동사(pay)를 사용해야 할 땐 동사를 동명사(paying)로 바꿔줍니다.

2단계 발음학습 원어민 파일 듣고 따라 하기

He **we**nt through the **che**ckout wi**th**out **pa**ying.

- went처럼 -nt로 끝나는 단어의 t는 발음하지 않습니다.
- through에서 th[θ]는 한국말로 [ㅆ] 소리입니다.
- paying에서 –ing를 다 읽지 않곤 합니다. 그래서 paying보다는 끝을 내려서 payin이라고 읽습니다.

1단계 뭉치학습 의미를 확장하면서 문장 만들기

go after (뒤쫓다)

❶ **We went after him.** 우리는 그를 뒤쫓았어.

go after는 '~를 뒤쫓다'라는 의미뿐만 아니라 '~를 추구하다'라는 의미도 있습니다. 전치사(after) 뒤에 대명사를 사용해야 할 때는 목적격 대명사(him)를 사용합니다.

❷ ________________ + **right after.** 우리는 (~한) 직후 그를 뒤쫓았어.

after는 전치사뿐만 아니라 접속사로도 쓰입니다. 전치사일 땐 뒤에 명사가 나오고, 접속사일 땐 뒤에 문장이 나옵니다.

❸ ________________ + __________ + **he left.** 우리는 그가 떠난 직후 그를 뒤쫓았어.

'과거에 떠났다'라는 의미이므로 leave의 과거형 left가 필요합니다.

2단계 발음학습 원어민 파일 듣고 따라 하기

We **we**nt **a**fter him **ri**ght **a**fter he **le**ft.

- went처럼 -nt로 끝나는 단어 끝의 t는 발음하지 않습니다.
- after는 끝을 올려서 발음하지 않도록 주의하세요.
- left처럼 자음 뒤에 나오는 t는 발음하지 않습니다.

자주 사용하는 패턴

[주어+be going to+동사원형]의 구조입니다. be going to는 앞으로 할 계획이나 약속 등을 나타낼 때 사용합니다. will은 미래에 대한 다짐이나 의지를 나타내며, be going to는 그런 다짐과 의지가 구체적이고 확실하게 계획될 때 사용합니다. going to를 빨리 말할 때 gonna라고 하는데, 이걸 그대로 단어처럼 사용할 때도 많습니다.

1단계 뭉치학습 의미를 확장하면서 문장 만들기

be going to (~할 거다)

❶ I'm going to. 내가 ~할 거야.

주어(I)가 1인칭 단수이면서 현재 시제일 땐 be가 am으로 바뀝니다.

❷ ____________ + wake you up. 내가 너를 깨워줄게.

'깨우다'라는 의미의 동사 wake가 필요합니다. 〈wake+대명사+up〉 구조로 부사 up은 침대에 없는 상태나 정신이 든 상태를 나타내어 wake의 뜻을 강조할 수 있습니다.

❸ ____________ + ____________ + at 6 a.m. 내가 너를 아침 6시에 깨워줄게.

'~에'란 의미로 정확한 시각을 나타내는 전치사 at이 필요합니다.

2단계 발음학습 원어민 파일 듣고 따라 하기

I'm **go**ing to **wa**ke you **u**p at **si**x **a.m.**

- wake는 모음 wa-를 한 번에 [웨이]로 발음하지 않고, 모음을 하나씩 연결해서 [우**웨**이]라고 발음합니다. 이때 [우]는 약하게 발음하거나 입으로 흉내만 냅니다. 그리고 단어 끝의 k는 받침소리로 끝을 내려서 읽습니다. 그래서 wake는 [우**웨**잌↘]이라고 발음합니다.

1단계 뭉치학습 의미를 확장하면서 문장 만들기

be going to (~할 거야)

❶ **He's going to.** 그는 ~할 거야.

주어(He)가 3인칭 단수이며 현재 시제일 땐 be동사가 is로 바뀝니다.

❷ ____________ + **be here.** 그는 여기에 올 거야.

'~에 있다, 오다'라는 의미의 동사로 위치를 나타낼 땐 be동사를 사용합니다. to 뒤에는 동사원형(be)이 나와야 합니다.

❸ ____________ + ________ + **to pick you up.** 그는 널 데리러 여기에 올 거야.

'~를 (차로) 태우러 가다'라는 의미의 〈pick+대명사+up〉이 필요합니다. '데리러'라는 건 '데리러 가기 위해서'라는 의미입니다. 동사구(pick you up)가 부사처럼 목적(~하기 위해서)을 나타낼 때는 to부정사구(to pick you up)로 바꿔줍니다.

2단계 발음학습 원어민 파일 듣고 따라 하기

He's **go**ing to be **he**re to **pi**ck you **u**p.

- He's를 강하게 읽지 않습니다.
- to는 모음을 약하게 [트]로 읽거나 모음과 자음을 약화시켜서 [ㄹ]로 읽기도 합니다.
- pick에서 단어 끝에 〈자음+k〉가 나오면 k를 발음하지 않습니다.

1단계 뭉치학습 의미를 확장하면서 문장 만들기

be gonna (~할 거야)

❶ I'm gonna. 난 ~할 거야.

주어(I)가 1인칭 단수이며 현재 시제일 땐 be를 am으로 바꿔줍니다.

❷ __________ + stay here. 난 여기 있을 거야.

'(장소에) 있다/머루르다'라는 의미의 동사 stay가 필요합니다. be gonna 뒤에는 동사원형(stay)이 나와야 합니다.

❸ __________ + __________ + until tomorrow. 난 내일까지 여기 있을 거야.

'~까지'란 의미의 전치사 until이 필요합니다.

2단계 발음학습 원어민 파일 듣고 따라 하기

I'm **go**nna s**ta**y **he**re un**til** to**mo**rrow.

- stay에서 s 다음에 나온 t를 [ㄸ]로 발음하면 좀 더 자연스럽고 발음하기 편합니다.
- tomorrow는 2음절에 강세가 있습니다.

1단계 뭉치학습 의미를 확장하면서 문장 만들기

be gonna (~할 거야)

❶ **I'm gonna.** 난 ~할 거야.

주어(I)가 1인칭 단수이며 현재 시제일 땐 be를 am으로 바꿔줍니다.

❷ ________ **+ be patient.** 난 참을 거야.

'참는'이란 의미의 형용사 patient가 필요합니다. 형용사를 동사처럼 만들어야 할 땐 be동사를 함께 사용합니다. 그래서 be patient라고 하면 '참다, 참는다'라는 의미가 됩니다.

❸ ________ + ________ **+ and wait in line.** 난 참고 줄 서서 기다릴 거야.

사물이나 사람이 어떻게 분리되고 배열되는지를 나타낼 땐 전치사 in을 사용합니다. '줄 서서'는 사람들이 줄 서 있는 방식으로 배열되었다는 의미이므로 in line이 되었습니다.

2단계 발음학습 원어민 파일 듣고 따라 하기

I'm **go**nna be **pa**tient and **wa**it in **l**ine.

- wait in에서 t가 강모음(ai)과 약모음(i) 사이에 와서 [ㄹ]로 발음되고, in과 연음이 됩니다. 앞소리와 연음이 된 전치사 in은 [린↘]이라고 읽거나 모음을 약하게 [으]로 발음해서 [른↘]으로 발음하기도 합니다.

3단계 자신감 up check! 문장 듣고 말하기

그동안 학습한 20문장을 소리만 듣고
속도와 발음을 살려서 말할 수 있는지 체크해보세요.

1.

2.

3.

4.

5.

6.

7.

8.

9.

10.

11.

12.

13.

14.

15.

16.

17.

18.

19.

20.

반복해서
전문장 듣기

작은 것에서 큰 것으로,
안에서 밖으로 연결하기

주어와 동사를 함께 생각하고 동사의 다섯 가지 유형에 대해서 이해한다면, 이젠 주어와 동사를 중심으로 작은 것에서 큰 것으로, 안에서 밖으로 범위를 확장해 가면서, 단어를 순서대로 연결하는 연습이 필요합니다.

아래의 한글 문장을 영어로 만들어볼까요?

"난 오늘 아침에 집에서 친구에게 이메일을 보냈다."

① 우선 주어와 동사를 만들어야 합니다. ☞ I sent.

② 그리고 동작이 닿는, 동작이 향하는 명사 the email이 필요합니다.
☞ I sent the email.

③ 이 이메일이 향한 곳은 친구이니까 '~에게'라는 의미로 방향을 나타내는 전치사 to와 목적지 a friend가 필요합니다. ☞ I sent the email to a friend.

④ 이런 행동을 한 난 어디에 있죠? 주어와 동사를 둘러싼 장소 at home이 나옵니다. ☞ I sent the email to a friend at home.

⑤ 집보다 큰 개념이 필요합니다. 내가 집에 있든 학교에 있든 변하지 않는 더 큰 개념인 시간이 나옵니다. 장소보다는 시간이 더 큰 개념입니다. 장소를 벗어날 수는 있어도 어떤 시간은 벗어날 수 없으니까요. this morning이 필요합니다.
☞ I sent the email to a friend at home this morning.

sent the email을 줄여서 그냥 emailed라고 할 수 있지만, 이런 표현을 구사하는 건 나중 단계입니다. 우선 [주어+동사]를 기본으로 문장을 시작하고, 그 다음에 동사의 대상이나 주어의 상태를 나타내는 단어를 말합니다. 그리고 작은 것에서 큰 것으로, 안에서 밖으로 혹은 장소에서 시간으로 문장을 이어가면 됩니다.

4

만만한 GET

get으로 20문장 만들기

GET

① get + 명사

- I get the feeling we'll fall in love.
- I'll go home early and get some rest.
- I got a job in banking after graduation.
- I don't get it. Please explain why.

② get + 명사 + 명사

- He got me a front-row seat to the show.

③ get + 명사 + 명사/형용사

- We got him arrested for illegal filming in the public.

④ get + 형용사

- They got sick after eating raw food.
- I'm getting better every day in every way.

⑤ get + p.p

- I got lost on my way here.
- Food got stuck between your teeth. Look in the mirror.

⑥ get + 부사

- I'll post the photos on Instagram when I get home.
- You got along with others at school.

⑦ get + 전치사

- I'll get out of here by myself.
- I got to the airport just in time.

⑧ get + to부정사

- I got to know him better.

⑨ get + 동명사

- Let's get going, or we'll miss the bus.

⑩ 자주 사용하는 표현

- I wish you'd get to the point at the meeting.
- Let me get this straight.

⑪ 자주 사용하는 패턴

- I've got to go now. It's getting late.
- You got to do something for me.

get + 명사

[주어+get+목적어] 형태로 목적어 자리에 명사가 나오는 3형식 구조입니다. 동사 get은 뒤에 다양한 명사와 함께 쓰여서, '얻다, 사다, 획득하다, 받다, 뺐다, 도착하다' 등의 뜻을 나타냅니다.

1단계 뭉치학습 의미를 확장하면서 문장 만들기

get the feeling (느낌이 들다)

❶ **I get the feeling.** 난 느낌이 들어.

get은 감정이나 느낌을 나타내는 명사와 함께 '(감정이)이 들다'라는 의미를 나타냅니다.

❷ ______________ + **we'll fall.** 난 우리가 빠질 듯한 (~것 같은) 느낌이 들어.

'~할 것이다'라는 의미로 미래에 대한 강한 추측을 나타낼 땐 조동사 will을 사용합니다.

❸ ______________ + ________ + **in love.**
난 우리가 사랑에 빠질 듯한 (~ 것 같은) 느낌이 들어.

'~에'란 의미로 상태나 상황을 나타내는 전치사 in이 필요합니다. 그래서 in love는 '사랑(의 상태)에'라는 의미가 됩니다.

2단계 발음학습 원어민 파일 듣고 따라 하기

I **ge**t the **fee**ling we'll **fa**ll in **lo**ve.

- the는 약하게 끝을 내려서 발음합니다.
- we'll을 [위얼]로 모음을 한 번에 발음하지 않고, 모음을 하나씩 연결해서 [우**위**얼↘]이라고 발음합니다. 마지막 자음 ll는 혀끝을 윗니 뒤에 대면서 [얼]이라고 약하게 발음합니다. 특히 w는 약하게 [우]라고 하거나 입모양으로 흉내만 냅니다.

1단계 뭉치학습 의미를 확장하면서 문장 만들기

get some rest (좀 쉬다)

❶ **I'll go home.** 난 집에 갈게.

'~할 거야'라는 의미로 미래에 대한 다짐을 나타낼 땐 조동사 will을 사용합니다.

❷ __________ + **early.** 난 집에 **일찍** 갈게.

'일찍'이라는 의미의 부사 early가 필요합니다.

❸ __________ + _____ + **and get some rest.** 난 집에 일찍 **가서 좀 쉴게.**

'쉬다'는 get rest 입니다. rest 앞에 some을 더하면 '좀 쉬다'라는 의미가 됩니다.

2단계 발음학습 원어민 파일 듣고 따라 하기

I'll **go ho**me **ea**rly and **ge**t **so**me **re**st.

• early에서 -ly 앞에 [을]을 살짝 넣어 발음하면 좀 더 부드럽게 발음할 수 있습니다.
• and처럼 자주 사용하는 단어 끝의 d는 발음하지 않는 편입니다.
• get은 모음 e를 짧고 강하게 발음합니다. t는 받침소리로 발음합니다.

1단계 뭉치학습 의미를 확장하면서 문장 만들기

get a job (일을 구하다)

❶ **I got a job.** 난 일을 구했어.

'과거에 구했다'라는 의미이므로 get의 과거형 got이 나왔습니다.

❷ ________ + **in banking.** 난 은행에서 일을 구했어.

'~에서'란 의미로 직업이나 분야를 나타낼 땐 전치사 in을 사용합니다. 특히 은행에서 일을 구했다는 것은 은행 업무(banking)를 직업으로 한다는 의미이지 은행 건물(bank)에서 일한다는 것을 의미하지 않습니다.

❸ ________ + ________ + **after graduation.** 난 졸업 후 은행에서 일을 구했어.

'~후에'란 의미의 전치사 after가 필요합니다.

2단계 발음학습 원어민 파일 듣고 따라 하기

I got a job in banking after graduation.

- got a에서 t가 강모음(o)과 약모음(a) 사이에서 [ㄹ]로 발음됩니다.
- graduation에서 자음 r 앞에 [으]를 살짝 넣어 발음하면 좀 더 자연스럽습니다.

1단계 뭉치학습 의미를 확장하면서 문장 만들기

get it (이해하다)

❶ **I don't get it.** 이해가 안 돼요.

'~이 아니다'라는 의미로 부정형 don't가 필요합니다.

❷ ____________ + **Please explain.** 이해가 안 돼요. 설명해주세요.

'~해주세요'라는 의미의 감탄사 Please 뒤에는 동사원형이 나옵니다.

❸ ____________ + ______________ + **why.** 이해가 안 돼요. 왜 그런지 설명해주세요.

2단계 발음학습 원어민 파일 듣고 따라 하기

I **do**n't **ge**t it. P**lea**se exp**la**in **why**.

- I don't에서 d가 모음(I)과 모음(o) 사이에서 [ㄹ]로 발음됩니다.
- get it에서 t가 강모음(e)과 약모음(i) 사이에서 [ㄹ]로 발음됩니다.
- please와 explain에서 자음 l 앞에 [을]을 살짝 넣어서 발음하면 좀 더 자연스럽습니다.

get + 명사 + 명사

[주어+get+간접 목적어+직접 목적어] 형태로 목적어가 두 개 나오는 4형식 구조입니다. '~에게 ~을 (구해)주다'라는 의미가 됩니다. get에 give(주다)의 의미를 추가해서 이해하면 쉽습니다.

1단계 뭉치학습 의미를 확장하면서 문장 만들기

get me a front-row seat (나에게 앞 좌석을 주다)

❶ **He got me.** 그는 나에게 줬어.

'과거에 구했다'라는 의미이므로 get의 과거형 got이 필요합니다. 4형식 문장으로 동사 got 뒤에 me는 간접 목적어로 '나에게'로 해석됩니다.

❷ __________ + a front-row seat. 그는 나에게 앞 좌석을 줬어.

두 단어를 한 단어처럼 사용하고 싶을 땐 단어(front)와 단어(row) 사이에 – 표시를 합니다. 그래서 front-row라고 하면 '앞 줄(의)'을 의미합니다.

❸ __________ + ________________ + to the show. 그는 나에게 쇼의 앞 좌석을 줬어.

'~의'란 의미로 사물이나 사람에게 소유되거나 어울리는 대상을 나타내는 전치사 to가 필요합니다.

2단계 발음학습 원어민 파일 듣고 따라 하기

He **go**t me a f**ro**nt-**ro**w **sea**t to the **sho**w.

- front처럼 단어 끝의 –nt에서 t를 발음하지 않습니다.
- front와 row에서 r 앞에 [으]를 살짝 넣거나 속으로 생각하고 발음하면 더 자연스럽습니다.
- seat to에서 같은 t 소리가 연속해서 나오면 연음하여 길게 발음합니다.

get + 명사 + p.p

[주어+get+목적어+보어] 형태로 목적어 자리에 명사가 나오고 보어 자리에 p.p(과거분사)형이 나오는 5형식 구조입니다. '(명사)가 (p.p)한 상태가 되게 하다'를 의미합니다.

1단계 뭉치학습 의미를 확장하면서 문장 만들기

get him arrested (그를 체포하다)

❶ **We got him arreted.** 우린 그를 체포했어.

'그가 체포된' 수동의 상태이기 때문에 arrest의 과거분사형(p.p) arrested가 나왔습니다.

❷ ______________ + **for illegal filming.** 우린 불법 촬영을 한 그를 체포했어.

'~때문에, ~의 결과로'란 의미로 이유나 원인을 나타내는 전치사 for가 필요합니다.

❸ ______________ + ______________ + **in the public.**
우린 공공장소에서 불법 촬영을 한 그를 체포했어.

'~에서'란 의미로 비교적 큰 범위를 나타내는 전치사 in이 필요합니다.

2단계 발음학습 원어민 파일 듣고 따라 하기

We **go**t him a**rre**sted for il**le**gal **fi**lming in the **pu**blic.

- arrested는 2음절에 강세가 있습니다. t 다음에 나온 -ed는 [id]로 읽습니다.
- illegal은 2음절에 강세가 있습니다. il-은 [일]보다는 [이얼]이라고 약하게 발음합니다. 특히, -gal에서 강세가 가지 않은 모음 a는 [어]보다는 [으]로 약하게 발음합니다.
- filming에서 l과 m 사이에 모음을 넣지 않고 둘 다 발음합니다. 그래서 film을 [**피**염↘]이나 [**피**얼음↘]에 가깝게 발음합니다.

get + 형용사

[주어+get+보어] 형태로 보어 자리에 형용사가 나오는 2형식 구조입니다. 이때 get은 '(어떤 상태)가 되다'라는 의미가 되며 become과 의미가 비슷하지만 get은 상태의 변화를 좀 더 나타냅니다.

1단계 뭉치학습 의미를 확장하면서 문장 만들기

get sick (병에 걸리다)

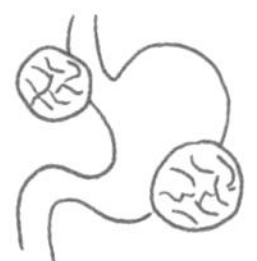

❶ They got sick. 그들은 병에 걸렸어.

'과거에 ~한 상태가 되었다'라는 의미이므로 get의 과거형 got이 필요합니다.

❷ ______________ + after eating. 그들은 먹은 후에 병에 걸렸어.

'~후에'란 의미의 전치사 after를 사용합니다. 전치사(after) 뒤에 동사(eat)를 써야 할 때는 동명사(eating)로 바꿔줍니다.

❸ ______________ + ____________ + raw food. 그들은 날 음식을 먹은 후 병에 걸렸어.

'익히지 않은, 날 것의'란 의미의 형용사 raw가 필요합니다.

2단계 발음학습 원어민 파일 듣고 따라 하기

They **go**t **Si**ck after **ea**ting **raw foo**d.

- sick에서 단어 끝이 〈자음+k〉일 때 k를 발음하지 않습니다.
- eating에서 t가 강모음(ea)과 약모음(i) 사이에서 [ㄹ]로 발음됩니다.
- raw에서 r은 혀를 입천장에 안 닿게 목구멍쪽으로 구부려서 발음합니다. 특히 r 앞에 [으]를 살짝 넣어서 발음하면 자연스럽습니다. 모음 aw는 [아우]로 발음하지 않고, 턱을 밑으로 많이 내리고 입을 크게 벌려 [아]라고 발음합니다.

1단계 뭉치학습 의미를 확장하면서 문장 만들기

get better (점점 좋아지다)

❶ **I'm getting better.** 난 점점 좋아지고 있어.

'~해지고 있다'라는 건 진행형(be ~ing)의 의미이므로 동사 get이 am getting이 되어야 합니다. 주어(I)가 1인칭 단수이며 현재 시제일 땐 be가 am으로 바뀝니다.

❷ ____________________ + everyday. 난 매일 점점 좋아지고 있어.

❸ ____________________ + ____________ + in every way.
난 매일 모든 면에서 점점 좋아지고 있어.

'~에서'란 의미로 상황이나 상태를 나타내는 전치사 in이 필요합니다.

2단계 발음학습 원어민 파일 듣고 따라 하기

I'm **ge**tting **be**tter **e**very**da**y in **e**very **wa**y.

- 강모음(e)과 약모음(i) 사이에 tt가 오면 [ㄹ]로 발음됩니다.
- every는 1음절에 강세가 있습니다.
- way는 모음을 한 번에 [웨이]라고 읽지 않고 하나씩 연결해서 [우**웨**이↘]라고 발음합니다. 이때 [우]라고 아주 약하게 소리내거나 입모양으로 흉내만 냅니다.

get + p.p

[주어+get+보어] 형태로 보어 자리에 p.p(과거분사)형이 나온 2형식 구조입니다. '~가 ~되다'라는 의미입니다. 동사를 '~되는/된'이라는 수동의 의미로 형용사처럼 사용할 땐 과거분사형(p.p)으로 바꿔 줍니다.

1단계 뭉치학습 의미를 확장하면서 문장 만들기

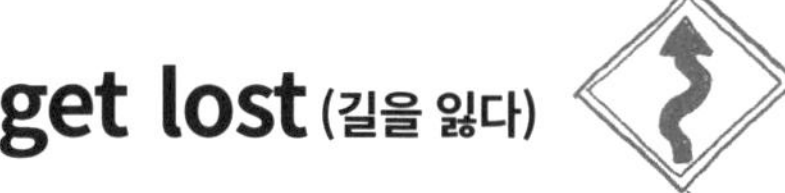

❶ I got lost. 난 길을 잃었어.

'잃어버리다, 잃다'란 의미의 동사 lose가 길을 잃게 된 수동의 상태를 나타내야 하므로 과거분사형 lost로 바뀝니다. 그래서 got lost라고 하면 '과거에 길을 잃었다'라는 의미가 됩니다.

❷ ________ + on my way. 난 오는 길에 길을 잃었어.

'~도중에'란 의미의 on one's way가 필요합니다. one's는 주어의 인칭과 수에 따라 달라집니다. '내가 오는 길'이란 의미이므로 one's를 my로 바꿔줍니다.

❸ ________ + __________ + here. 난 여기 오는 길에 길을 잃었어.

2단계 발음학습 원어민 파일 듣고 따라 하기

I got lost on my way here.

- my의 끝을 올리지 않고 내려서 읽습니다.
- way는 모음을 한 번에 [웨이]라고 발음하지 않고, 하나씩 연결해서 [우**웨**이↘]라고 발음합니다. 특히, [우]는 약하게 발음하거나 입으로 흉내만 냅니다.

1단계 뭉치학습 의미를 확장하면서 문장 만들기

get stuck (끼이다)

❶ **Food got stuck.** 음식이 끼었어.

'붙이다, 달라붙다'란 의미의 동사 stick이 붙혀진, 끼인 수동의 상태를 나타내야 하므로 과거분사형(p.p) stuck으로 바뀝니다. 그래서 got stuck은 '과거에 달라붙었다, 끼었다'라는 의미가 됩니다.

❷ ______________ + **between your teeth.** 네 치아 사이에 음식이 끼었어.

tooth(치아)의 복수형인 teeth가 필요합니다. '~사이에'를 의미하며 둘 사이에 있는 상태를 나타낼 땐 전치사 between을 사용합니다.

❸ ______________ + __________________ + **Look in the mirror.**
네 치아 사이에 음식이 끼었어. 거울 좀 봐.

거울 안을 들여다 볼 때는 전치사 in을 사용해서 look in, 거울이란 물건을 볼 때는 전치사 at을 사용해서 look at이 됩니다.

2단계 발음학습 원어민 파일 듣고 따라 하기

Food got stuck between your teeth. Look in the mirror.

- stuck에서 단어 끝이 〈자음+k〉일 때 k는 발음하지 않습니다.
- teeth의 th는 [θ] 발음으로 혀끝을 윗니와 아랫니 사이에 살짝 물고 바람을 내보내면서 [ㅆ] 소리를 냅니다. 하지만 teeth처럼 th가 단어 끝에 나올 땐 발음하지 않고 바람만 세게 내보냅니다

get + 부사

[주어+get+부사] 형태의 1형식 구조로 부사를 사용해서 다양한 상황을 표현할 수 있습니다.

1단계 뭉치학습 의미를 확장하면서 문장 만들기

get home (집에 들어가다)

❶ **I'll post the photos.** 내가 사진 올릴게.

'올리다, 게시하다'라는 의미의 동사 post가 필요합니다.

❷ ________________ + **on Instagram.** 내가 인스타그램에 사진 올릴게.

'~에'라는 의미로 화면과 같은 표면이나 바닥을 나타낼 땐 전치사 on을 사용합니다.

❸ ________________ + ______________ + **when I get home.**
내가 집에 들어가서 인스타그램에 사진 올릴게.

when I get home은 시간을 나타내는 부사절입니다. 이때 주절(I'll post the photos)의 시제가 미래일지라도, 부사절엔 현재 시제(get)를 사용합니다.

Instagram

2단계 발음학습 원어민 파일 듣고 따라 하기

I'll **po**st the **pho**tos on **I**nstag**ra**m when I **ge**t **ho**me.

- post에서 단어 뒤에 st가 나올 때 t는 발음하지 않습니다.
- photos에서 첫소리 ph는 [f] 소리가 납니다. 윗니로 아랫입술을 살짝 깨물고 바람을 세게 내보냅니다.
- photos에서 t가 강모음(o)과 약모음(o) 사이에서 [ㄹ]로 발음됩니다.

1단계 뭉치학습 의미를 확장하면서 문장 만들기

get along (잘 지내다)

❶ **You got along.** 넌 잘 지냈어.

'과거에 잘 지냈다'라는 의미이므로 get along의 과거형 got along이 나옵니다.

❷ ___________ + **with others.** 넌 다른 사람들과 잘 지냈어.

'~함께'라는 의미의 전치사 with가 필요합니다.

❸ ___________ + ___________ + **at school.** 넌 학교에서 다른 사람들과 잘 지냈어.

'~에서'라는 의미로 학교나 직장을 나타낼 땐 전치사 at을 사용합니다.

2단계 발음학습 원어민 파일 듣고 따라 하기

You got along with others at school.

- got along에서 t가 강모음(o)과 약모음(a) 사이에서 [ㄹ]로 발음됩니다.
- along은 2음절에 강세가 있습니다. a를 강하게 발음하지 않습니다.
- with에서 단어 끝에 나온 th는 발음하지 않거나 약하게 발음합니다.
- others at을 연음할 때 끝을 올리지 말고 내려서 발음합니다.

get + 전치사

[주어+get+전치사] 구조로 1형식 문장입니다.

1단계 뭉치학습 의미를 확장하면서 문장 만들기

get out of (빠져나가다)

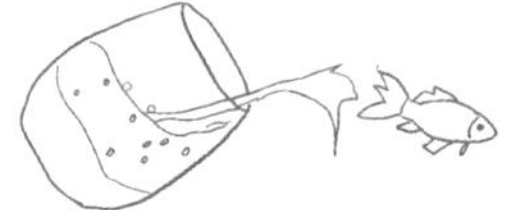

❶ I'll get out of. 난 ~에서 빠져나갈 거야.

'~의 밖으로 (빠져나오는)'라는 의미의 out of가 필요합니다.

❷ ___________ + here. 난 여기에서 빠져나갈 거야.

❸ ___________ + _____ + by myself. 난 내 스스로 여기에서 빠져나갈 거야.

'스스로, 혼자서'라는 의미의 by oneself가 필요합니다. 재귀대명사 oneself는 주어의 인칭과 수에 따라서 형태가 달라집니다. 문장의 주어가 I이므로 oneself가 myself로 바뀝니다.

2단계 발음학습 원어민 파일 듣고 따라 하기

I'll get out of here by myself.

- get out of에서 t는 모음 사이에서 [ㄹ]로 발음됩니다.
- 전치사 of[əv]는 기능어입니다. 받침소리인 [v]는 자음 앞에서 발음하지 않습니다. out of here에서 of 뒤에 here가 나오고 h는 자음이므로 [아우럽]이 아니고 [아우러]로 약하게 발음합니다.
- myself는 2음절에 강세가 있습니다.

1단계 뭉치학습 의미를 확장하면서 문장 만들기

get to (~에 도착하다)

❶ **I got.** 난 도착했어.

'과거에 도착했다'라는 의미이므로 get의 과거형 got이 필요합니다.

❷ _____ + **to the airport.** 난 공항에 도착했어.

'~에'라는 의미로 목적지를 나타낼 땐 전치사 to를 사용합니다.

❸ _____ + _____________ + **just in time.** 난 딱 맞춰서 공항에 도착했어.

'시간에 맞춰, 늦지 않게'라는 의미의 in time이 필요합니다.

2단계 발음학습 원어민 파일 듣고 따라 하기

I **go**t to the **ai**rport **ju**st in **ti**me.

- got to에서 같은 t가 연속해서 나와서 연음하여 약간 길게 한 번만 발음합니다. 특히 to는 [투]가 아니라 모음을 약하게 [트]로 발음합니다.
- airport에서 모음 ai는 턱을 약간 아래로 당기면서 [에]로 발음합니다.

get + to부정사

[주어+get+to부정사] 구조입니다. '~하게 되다', '~가 되다'라는 의미가 됩니다.

1단계 뭉치학습 의미를 확장하면서 문장 만들기

get to know (알게 되다)

❶ **I got to know.** **난 알게 되었어.**

'과거에 ~하게 되었다'라는 의미이므로 get to의 과거형 got to가 필요합니다.

❷ ______________ + **him.** **난 그를 알게 되었어.**

know의 목적어 자리이므로 목적격 대명사 him이 나와야 합니다.

❸ ______________ + ____ + **better.** **난 그를 더 잘 알게 되었어.**

부사 well의 비교급 better가 필요합니다.

2단계 발음학습 원어민 파일 듣고 따라 하기

I **go**t to **kno**w him **be**tter.

- got to에서 t가 연속해서 나와서 연음하여 약간 길게 한 번만 발음합니다. 특히 to는 [투]가 아니라 모음을 약하게 [트]로 발음합니다.
- him처럼 h로 시작하는 대명사의 h는 발음하지 않습니다.
- better에서 tt가 강모음(e)과 약모음(e) 사이에 나와서 [ㄹ]로 발음됩니다.

get + 동명사

[주어+get+동명사] 구조로 '~를 하기 시작하다'라는 의미입니다.

1단계 뭉치학습 의미를 확장하면서 문장 만들기

get going (가기 시작하다)

❶ Let's get going. 가기 시작하자.

'~하자'라는 의미의 Let's가 필요합니다.

❷ ____________ + or we'll miss. 가기 시작하자, 안 그러면 우리는 놓칠 거야.

〈명령문, or 주어+will+동사원형〉 구조로 '~해라, 그렇지 않으면 ~일 것이다'라는 의미입니다.

❸ ____________ + ____________ + the bus.
가기 시작하자, 안 그러면 우리는 버스를 놓칠 거야.

2단계 발음학습 원어민 파일 듣고 따라 하기

Let's **ge**t **go**ing, or we'll **mi**ss the **bu**s.

- or를 발음할 때 입을 조금 크게 벌리면서 짧고 약하게 [오]라고 발음합니다.
- we'll에서 모음 we-를 한 번에 발음해서 [위]라고 하지 않고 모음을 하나씩 연결해서 [우위]라고 한 다음, 혀끝을 윗니 뒤에 대면서 -ll을 [얼]이라고 약하게 발음합니다. 그래서 we'll은 짧고 약하게 [우위얼↘]이라고 끝을 내려서 읽습니다.

자주 사용하는 표현

1단계 뭉치학습 의미를 확장하면서 문장 만들기

get to the point (본론만 얘기하다)

❶ I wish. 난 좋겠어.

'~하면 좋을 텐데'라는 의미로 가정법에 사용하는 동사 wish가 필요합니다.

❷ ______ + you'd get to the point. 난 네가 본론만 얘기하면 좋겠어.

wish 가정법에서 미래 상황을 가정할 때는 would나 could를 사용합니다. would는 미래에 대한 약한 추측을 나타내며, could는 미래에 대한 약한 가능성을 나타냅니다.

❸ ______ + ________________________ + at the meeting.
난 회의에서 네가 본론만 얘기하면 좋겠어.

'~에서'라는 의미의 전치사 at이 필요합니다.

2단계 발음학습 원어민 파일 듣고 따라 하기

I **wi**sh you'd **ge**t to the **po**int at the **mee**ting.

- wish의 wi-는 모음을 한 번에 [위]로 발음하지 않고, 모음을 하나씩 연결하면서 [우**위**]라고 발음합니다. 이때 [우]는 살짝 넣거나 입모양을 흉내만 냅니다. 그래서 wish는 [우**위**쉬↘]라고 읽습니다.
- point처럼 단어 끝에 -nt가 나올 때 끝소리 t는 발음하지 않습니다.

1단계 뭉치학습 의미를 확장하면서 문장 만들기

get this straight (분명히 하다)

❶ Let me. 내가 할게.

'~하게 시키다, 내버려두다'라는 의미의 동사 let이 필요합니다. 〈let me+동사원형〉 구조로 '내가 ~할게'라는 의미입니다.

❷ ______ + get this straight. 이건 내가 분명히 할게.

〈get+명사+형용사〉 구조는 '(명사)가 (형용사)상태가 되게 하다'라는 의미입니다. '똑바른, 정리된' 이란 의미의 형용사 straight이 필요합니다.

2단계 발음학습 원어민 파일 듣고 따라 하기

Let me get this straight.

- Let에서 모음 e는 강세를 살려서 짧게 발음하고, t는 받침소리가 됩니다.
- straight에서 첫소리 s 뒤에 자음(t)이 나왔습니다. 〈s+자음〉일 때 모음 [으]를 만들어서 [스]로 강하게 발음하지 않고, 바람소리만 냅니다.
- straight처럼 t가 r과 함께 나오면 t를 [ㅌ]가 아니고 [츄]로 약하게 발음합니다.

자주 사용하는 패턴

1단계 뭉치학습 의미를 확장하면서 문장 만들기

have got to (~해야 한다)

❶ **I've got to.** 난 ~해야 해.

have got to는 have to, must와 같이 '~해야 한다'라는 의미입니다.

❷ ________ + **go now.** 난 지금 가봐야 해.

have got to 뒤에는 동사원형(go)이 나와야 합니다.

❸ ________ + ________ + **It's getting late.** 난 지금 가봐야 해. 늦었어.

시간이나 날짜, 날씨, 거리 등을 나타낼 땐 비인칭 주어 It을 사용합니다. '~한 상태가 되고 있어'라는 의미이므로 동사 get의 진행형 is getting이 나와야 합니다.

2단계 발음학습 원어민 파일 듣고 따라 하기

I've **go**t to **go no**w. It's **ge**tting **la**te.

- got to에서 t가 연속해서 나와서 연음하여 약간 길게 한 번만 발음합니다. 특히 to는 [투]가 아니라 모음을 약하게 [트]로 발음합니다.
- I've는 [아이브]로 발음하지 않고 [아ㅂ]로 짧고 약하게 발음합니다.
- getting에서 t가 강모음(e)과 약모음(i) 사이에 나와서 [ㄹ]로 발음합니다.

1단계 뭉치학습 의미를 확장하면서 문장 만들기

got to (~해야 한다)

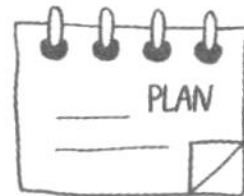

❶ **You got to.** 넌 ~해야 해.

got to는 have got to와 같이 '~해야 한다'라는 의미로 의무를 나타냅니다.

❷ ___________ + **do something.** 넌 뭔가를 해야 해.

got to 뒤에는 동사원형(do)이 나와야 합니다.

❸ ___________ + _______________ + **for me.** 넌 날 위해 뭔가를 해야 해.

'~를 위해'라는 의미의 전치사 for가 필요합니다. 전치사(for) 뒤에 대명사가 나올 땐 목적격 대명사(me)를 사용합니다.

2단계 발음학습 원어민 파일 듣고 따라 하기

You **go**t to **do so**mething for me.

- got to에서 t 소리가 연속으로 나와서 연음하여 약간 길게 한 번만 발음합니다. 특히 to는 [투]가 아니라 [트↘]로 모음을 약하게 발음합니다.
- something은 1음절에 강세가 있습니다.

3단계 자신감 up check! 문장 듣고 말하기

그동안 학습한 20문장을 소리만 듣고
속도와 발음을 살려서 말할 수 있는지 체크해보세요.

1.

2.

3.

4.

5.

6.

7.

8.

9.

10.

11.

12.

13.

14.

15.

16.

17.

18.

19.

20.

반복해서 전문장 듣기

연음과 발음 축약의 재미에 빠져보세요

영어 문장을 부드럽게 읽기 위해 자음과 모음을 연결하여 읽는 것을 연음이라고 합니다. 그리고 경제적으로 강세를 살려서 읽기 위해 강세를 받지 않으면 축약하거나 아예 발음하지 않기도 합니다. 영어 문장을 부드럽게 읽을 수 있도록 아래의 발음 현상들을 익혀 보세요.

① 자음으로 끝나는 단어 뒤에 모음이 바로 나오면 연음합니다.

예) He **do**esn't **ha**ve **a**ny **co**nfidence in him**se**lf.

② t/d가 (강)모음과 (약)모음 사이에 오면 t/d를 [ㄹ]로 발음합니다.

예) I'll **sa**ve **u**p and **ge**t a **ho**use.

He **ha**d a s**to**mach this **mo**rning.

③ 자음이 연속해서 세 개가 나오면 중간 자음은 생략합니다.

예) I re**me**mber my **da**d **ge**tting me **o**ne for Ch**ri**stmas.

④ 자음 뒤에 (똑같거나 비슷한) 자음이 나오면, 앞 자음은 생략하고 연음합니다.

예) **Le**t me **see** if I **ge**t this str**ai**ght.

⑤ 단어 끝에 -nt가 오면 t를 생략합니다.

예) I **di**dn't **mea**n to **hu**rt him. It **we**nt that **wa**y.

⑥ 'h'로 시작하는 기능어가 나오면, 'h'를 생략합니다.

예) **Tea**ch him a **le**sson.

He **go**es **ba**ck to where he **ca**me from.

⑦ tr이면 t를 [츄]로 dr이면 [듀]로 발음합니다.

예) I **ha**d a **who**le t**ri**p p**la**nned for us.

We **we**nt for a d**ri**nk **a**fter **wo**rk **ye**sterday.

5

만만한 MAKE

make로 20문장 만들기

MAKE

① make + 명사

- If you make a mistake, just erase it and start over.
- I'll make clothes for my newborn baby.
- I made dinner twice a week for a time.
- We made the decision which was best for us.
- It's getting dark. We should make a move right now.
- It'll make a difference, if you use it every day.
- I'll make money by selling this outfit online.

② make + 명사 + 형용사

- Getting upset only makes it worse.
- I don't think you make him mad when we are talking.

③ make + 명사 + 명사

- I'll make you instant coffee at home.
- He made me a better person in different ways.

④ make + 명사 + 동사

- He makes me feel welcome all the time.
- I'm sure you can make it happen.

⑤ make + 명사 + 전치사

- I'm wondering why they make wine from peaches.

⑥ make + 대명사 + 부사

- I didn't make that up. I've heard that somewhere.
- I'll make it up to you soon.

⑦ 자주 사용하는 표현

- I feel I can make it even in tough situation.
- It doesn't make sense to me either.

⑧ 자주 사용하는 패턴

- Make sure you type the name correctly.
- Make way, there. I need to get through.

make + 명사

[주어+make+목적어] 형태로 목적어 자리에 명사가 나오는 3형식 구조입니다. make는 '만들다', (명사)를 하다' 등의 의미를 나타냅니다.

1단계 뭉치학습 의미를 확장하면서 문장 만들기

make a mistake (실수하다)

❶ **If you make a mistake,** 만약 네가 실수를 하면,

〈make+명사〉일 때 명사의 뜻이 동사화되어 '(명사)를 하다'라는 의미가 됩니다. make a mistake에서 mistake의 의미가 동사화되어 '실수하다'라는 의미가 됩니다.

❷ ____________________ + **just erase it.** 만약 네가 실수를 하면, 그냥 그걸 지워.

'지우다'라는 의미의 동사 erase가 필요합니다.

❸ ____________________ + ____________ + **and start over.**
만약 네가 실수를 하면, 그냥 그걸 지우고 다시 시작해.

'다시'라는 의미의 부사 over가 필요합니다.

2단계 발음학습 원어민 파일 듣고 따라 하기

If you make a mistake, just erase it and start over.

- If you에서 [f]로 끝나는 단어 뒤에 y로 시작하는 you가 나오면 연음하여 [퓨↘]로 발음합니다.
- start에서 s 뒤에 나오는 t는 [ㅌ]로 발음하지 않고, [ㄸ]로 발음합니다. 단어 끝의 rt가 모음(a)과 모음(o) 사이에서 t가 약화되어 발음되지 않습니다.
- over에서 모음 o는 [오]라고 한 번에 강하게 읽지 않고, [오우↘]라고 연결해서 읽습니다.

1단계 뭉치학습 의미를 확장하면서 문장 만들기

make clothes (옷을 만들다)

❶ I'll make clothes. 난 옷을 만들 거야.

옷이나 의복을 의미하는 명사 clothes는 항상 복수형으로 사용합니다.

❷ ________________ + for my newborn baby.
난 새로 태어난 내 아기를 위해 옷을 만들 거야.

'~을 위해'라는 의미의 전치사 for가 필요합니다.

2단계 발음학습 원어민 파일 듣고 따라 하기

I'll **ma**ke c**lo**thes for my **new**born **ba**by.

- clothes에서 th[ð]는 발음이 생략되고 –es는 [z]로 발음됩니다. [z]는 배에 힘을 주어 공기를 빼내면서 혀를 입안에서 진동시키는 소리입니다. 그래서 clothes는 [ㅋ을**로**우ㅈ↘]라고 발음합니다.
- make에서 k는 앞에 나오는 모음(a)의 받침소리가 됩니다. [메이크]가 아니고 [**메**잌↘]으로 발음합니다.

1단계 뭉치학습 의미를 확장하면서 문장 만들기

make dinner (저녁을 하다)

❶ **I made dinner.** 난 저녁을 했어.

'과거에 했다'라는 의미이므로 make의 과거형 made가 필요합니다.

❷ ______________ + **twice a week.** 난 일주일에 두 번 저녁을 했어.

'두 번'이란 의미의 부사 twice가 필요합니다. '~당/마다'라는 의미의 관사 a가 필요합니다. 그래서 a week라고 하면 '주당, 일주일에'라는 의미가 됩니다.

❸ ______________ + ______________ + **for a time.** 난 한동안 일주일에 두 번 저녁을 했어.

'~동안'이란 의미로 어느 정도의 기간을 나타낼 땐 전치사 for를 사용합니다. 그래서 for a time이라고 하면 '한동안'이란 의미가 됩니다.

2단계 발음학습 원어민 파일 듣고 따라 하기

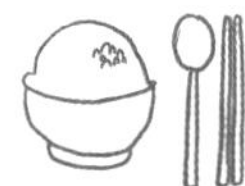

I **ma**de **di**nner t**wi**ce a **wee**k for a **ti**me.

- made의 끝소리 [d]와 dinner의 첫소리 [d]가 같아서, 연음하여 한 번만 발음합니다.
- week에서 모음 wee를 한 번에 강하게 [위]로 발음하지 않고 하나씩 연결해서 [우**위**]라고 발음합니다. 이때 w[우]는 약하게 발음하거나 입모양으로 흉내만 냅니다. k를 받침소리로 읽습니다. 그래서 week는 [우**읶**↘]이라고 발음합니다.

1단계 뭉치학습 의미를 확장하면서 문장 만들기

make the decision (결정하다)

❶ We made the decision. 우린 결정을 했어.

〈make+명사〉일 때 명사의 뜻이 동사화되어 '(명사)를 하다'라는 의미가 됩니다. make the decision에서 decision의 의미가 동사화되어 '결정하다'라는 의미가 됩니다. 그런데 '과거에 결정했다'라는 의미이므로 make의 과거형 made가 필요합니다.

❷ ______________________ + which was best. 우린 제일 좋은 결정을 했어.

명사구(the decision)를 수식하는 형용사절이 필요합니다. 특히, 사물명사(the decision)를 꾸며줘야 하기 때문에 관계대명사 which가 나왔습니다. 주절의 시제가 과거(made)이어서 which절의 시제도 과거(was)가 되어야 합니다.

❸ ______________________ + ______________ + for us.
우린 우리에게 제일 좋은 결정을 했어.

'우리에게'는 '우리를 위해'란 의미이므로 전치사 for가 필요합니다. 전치사(for) 뒤에 대명사가 나올 때에는 목적격 대명사(us)를 사용합니다.

2단계 발음학습 원어민 파일 듣고 따라 하기

We made the decision which was best for us.

- made의 끝소리 [d]와 the의 첫소리 [ð]가 비슷한 자음 소리여서 연음하여 한 번만 발음합니다. 연음할 때 the의 끝을 올리지 않고 내려서 읽습니다.
- which에서 모음 wi를 한 번에 발음하여 [위]라고 발음하지 않고 하나씩 연결하면서 [우위]라고 발음합니다. 그래서 which는 [우위취↘]라고 읽습니다. 특히 ch는 항상 입을 오므리고 [취]로 약하게 발음합니다.

1단계 뭉치학습 의미를 확장하면서 문장 만들기

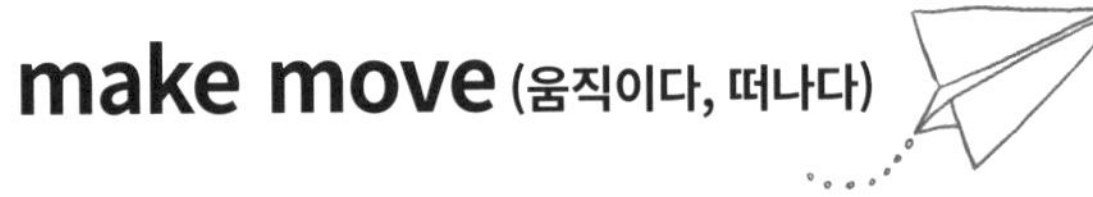

❶ **It's getting dark.** 어두워지고 있어.

날씨를 말할 땐 비인칭 주어 It이 필요합니다. 〈It's getting+형용사〉 구조는 '~한 상태로 바뀌고 있다'를 의미합니다.

❷ ______________ + **We should make a move.** 어두워지고 있어. **우리는 떠나야 해.**

'~하는게 낫다'라는 의미의 조동사 should가 필요합니다. should는 의무나 강요보다는 조언을 뜻할 때 사용합니다. make a move는 명사 a move가 동사화되어 '움직이다, 떠나다'라는 의미가 됩니다.

❸ ______________ + ________________________ + **right now.**

어두워지고 있어. 우리는 **지금 당장** 떠나야 해.

2단계 발음학습 원어민 파일 듣고 따라 하기

It's **ge**tting **da**rk. We should **ma**ke a **mo**ve **ri**ght **no**w.

- getting에서 tt가 강모음(e)과 약모음(i) 사이에서 [ㄹ]로 발음됩니다.
- should를 강하게 [슈우드]로 읽지 않고 짧고 약하게 [슈으ㄷ↘]으로 발음합니다.
- right처럼 단어 앞에 r이 나올 땐, [으]를 약하게 발음하거나 속으로 [으]를 말하고 r을 발음하면 좀 더 자연스럽습니다.

1단계 뭉치학습 의미를 확장하면서 문장 만들기

make a difference (변화를 만들다, 차이를 두다)

❶ **It'll make a difference.** 변화가 있을 거야(이것은 변화를 만들 거야).

앞에서 언급한 사물을 나타낼 땐 It을 사용합니다. 미래에 대한 강한 추측을 나타낼 땐 조동사 will을 사용합니다.

❷ __________________ + if you use it. 만약 네가 이걸 사용하면, 변화가 있을 거야.

'사용하다'라는 의미의 동사 use가 필요합니다.

❸ __________________ + __________ + every day.
네가 이걸 매일 사용하면, 변화가 있을 거야.

2단계 발음학습 원어민 파일 듣고 따라 하기

It'll **ma**ke a **di**fference, if you **u**se it **e**very **da**y.

- It'll을 보면 ll은 모음 소리와 함께 [얼] 소리가 납니다. 그래서 It'll에서 t가 모음(I)과 모음[어] 사이에 있게 되어서 [ㄹ]로 발음됩니다. 그래서 It'll을 [이럴↘]이라고 짧고 약하게 발음합니다.
- diffference는 1음절에 강세가 있습니다. 특히 -ren- 부분에서 강세가 가지 않는 모음 e는 [어]보다 [으]로 발음하면 더 자연스럽습니다.
- If you에서 [f]로 끝나는 단어 뒤에 y로 시작하는 you가 나오면 연음하여 [퓨↘]로 발음합니다.

1단계 뭉치학습 의미를 확장하면서 문장 만들기

make money (돈을 벌다, 수익을 내다)

❶ I'll make money. 난 돈을 벌 거야.

'~할 것이다'라는 의미로 미래에 대한 의지를 나타내는 조동사 will이 필요합니다.

❷ ________________ + by selling this outfit. 난 이 옷 팔아서 돈을 벌 거야.

'~함으로써'라는 의미로 수단이나 방법을 나타낼 땐 전치사 by를 사용합니다. 전치사(by) 뒤에 동사(sell)를 사용할 때는 동명사(selling)로 바꿔줍니다.

❸ ________________ + ____________________ + online.
난 온라인으로 이 옷 팔아서 돈 벌 거야.

2단계 발음학습 원어민 파일 듣고 따라 하기

I'll **ma**ke **mo**ney by **se**lling this **O**utfit on**li**ne.

- selling의 첫소리 s는 [ㅆ]로 발음됩니다. 특히, selling은 [쎌링]이라고 발음하지 않고 자음 ll이 앞 모음(e)의 영향으로 [얼]이 [열]로 소리가 바뀌어서 [**쎄**열링↘]이라고 발음합니다.
- outfit에서 단어 끝에 t가 모음(i) 다음에 끝소리로 나와서 모음의 받침소리로 읽습니다.
- online에서 on-은 [온]이라고 발음하지 않습니다. 모음 o는 [오]와 [아]의 중간발음입니다. [오]를 발음하고 턱을 내리면서 [아]를 약하게 발음해서 [오안↘]이라고 발음합니다. 그리고 line에서 자음 l 앞에 [을]을 살짝 넣어 발음하면 좀 더 자연스럽습니다.

make + 명사 + 형용사

[주어+make+목적어+보어] 형태로 목적어 자리에 명사가 나오고, 보어 자리에 형용사가 나오는 5형식 구조입니다. '(명사)가/~이 (형용사)되게 만들다/하다'라고 해석하면서 문장을 이해합니다.

1단계 뭉치학습 의미를 확장하면서 문장 만들기

make it worse (더 나쁘게 만들다)

❶ Getting upset 화를 내는 건

'화내다'라는 의미의 get upset이 문장의 주어 자리에 나와야 합니다. 이렇게 명사가 와야 하는 주어 자리에 동사가 올 때 동사(get)를 동명사(getting)로 바꾸어줍니다.

❷ ______________ + only 화를 내는 건 단지

❸ ______________ + ____ + makes it worse. 화를 내는 건 단지 상황을 더 악화시킬 뿐이야.

동명사구(Getting upset)가 문장의 주어 자리에 나오면 3인칭 단수로 봅니다. 시제가 현재일 땐 동사에 ~(e)s를 붙이므로 make를 makes로 바꿔줍니다. '더 나쁜/심각한'이란 의미로 bad의 비교급 worse가 필요합니다.

2단계 발음학습 원어민 파일 듣고 따라 하기

Getting up**se**t **o**nly **ma**kes it **wo**rse.

• only를 [온리]로 발음하지 않습니다. 우선 모음 o는 [오]가 아니고 [**오**우]나 혹은 [**아**우]로 발음합니다. 그리고 n과 l을 연속해서 발음해야 합니다. 혀를 앞니 바로 뒤에 붙이고 n을 발음합니다. l은 혀끝이 앞니 뒤쪽 입천장에 살짝 닿으면서 [을]로 발음합니다. 그래서 only는 [**오**운을리↘]로 발음합니다. 다시 한 번 들어보세요.

1단계 뭉치학습 의미를 확장하면서 문장 만들기

make him mad (그를 화나게 만들다)

❶ **I don't think.** 난 생각하지 않아.

'~하지 않다'라는 의미이므로 부정형 don't가 필요합니다.

❷ ________ + **you make him mad.** 난 네가 그를 화나게 만든다고 생각하지 않아.

〈주어+make+목적어+보어〉의 5형식 구조입니다. 목적어 자리에는 목적격 대명사 him이 나와야 합니다.

❸ ________ + ______________ + **when we are talking.**
우리가 대화할 때, 난 네가 그를 화나게 만든다고 생각하지 않아.

'대화하는 중'이란 의미이므로 동사 talk의 현재진행형 are talking이 필요합니다. 주어(we)가 3인칭 복수이고 현재 시제이므로 be가 are로 바뀌었습니다.

2단계 발음학습 원어민 파일 듣고 따라 하기

I don't think you make him mad, when we are talking.

- I don't에서 d가 모음(I)과 모음(o) 사이에서 [ㄹ]로 발음됩니다.
- him처럼 h로 시작하는 대명사는 h를 발음하지 않습니다.
- we는 [위]라고 모음을 한 번에 강하게 발음하지 않고, [우위]라고 모음을 하나씩 연결하면서 짧고 약하게 발음합니다. w는 살짝 [우]로 발음하거나 입모양으로 [우] 흉내만 냅니다.

make + 명사 + 명사

make 뒤에 명사 두 개가 나란히 올 땐 문장 구조를 잘 살펴봐야 합니다. 하나는 [주어+make+간접목적어+직접목적어] 형태로 make가 '만들어주다'의 의미로 쓰이는 4형식 구조입니다. 다른 하나는 [주어+make+목적어+보어] 형태로 make가 '~의 상태로 만들다'의 의미로 쓰이는 5형식 구조입니다.

1단계 뭉치학습 의미를 확장하면서 문장 만들기

make you coffee (너에게 커피를 타주다)

❶ I'll make you. **내가 너에게 만들어줄게.**

4형식 구조에서 동사 뒤 간접목적어는 '~에게'라고 해석이 됩니다. 그래서 전치사 to가 없더라도 you는 '너에게'라는 의미가 됩니다. 4형식 구조일 때는 '(명사)에게 (명사)를 만들어주다'라고 해석합니다.

❷ ____________ + instant coffee. **내가 너에게 인스턴트 커피를 타줄게.**

❸ ____________ + ____________ + at home.
내가 집에서 너에게 인스턴트 커피를 타줄게.

'~에서'란 의미로 좁은 공간을 나타내는 전치사 at이 필요합니다.

2단계 발음학습 원어민 파일 듣고 따라 하기

I'll **ma**ke you **i**nstant **co**ffee at **ho**me.

- instant는 1음절에 강세가 있습니다. 그래서 -tan-에서 강세가 가지 않은 모음 a는 [어]라고 발음하지 않고 [으]라고 발음하면 더 자연스럽습니다.
- -nt로 끝나는 단어의 끝소리 [t]를 발음하지 않으면 좀 더 자연스럽습니다.

DAY 3-3

1단계 뭉치학습 의미를 확장하면서 문장 만들기

make me a better person (나를 더 나은 사람으로 만들다)

❶ **He made me.** 그는 나를 만들었어.

'과거에 만들었다'라는 의미이므로 make의 과거형 made가 필요합니다.

❷ ____________ + a better person. 그는 나를 더 나은 사람으로 만들었어.

주어(He)가 영향력을 행사해서 목적어(me)를 '더 나은 사람으로 만들다'라는 의미가되는, 5형식 구조입니다.

❸ ____________ + ______________ + in different ways.
그가 다양한 방법으로 나를 더 나은 사람으로 만들었어.

'~으로'란 의미로 방식이나 형식을 나타내는 전치사 in이 필요합니다. '다른, 다양한'은 different입니다.

2단계 발음학습 원어민 파일 듣고 따라 하기

He **ma**de me a **be**tter **pe**rson in **di**fferent **wa**ys.

- different는 1음절에 강세가 있습니다. -ren에서 모음 e는 [어]가 아니고 [으]로 약하게 발음합니다. –nt로 끝나는 단어의 끝소리 [t]는 발음하지 않으면 좀 더 자연스럽습니다.
- ways에서 모음 way-를 한 번에 [웨이]라고 발음하지 않고, 하나씩 연결해서 [우**웨**이]라고 발음합니다. 특히, w는 약하게 [우]로 발음하거나 입모양으로 흉내만 냅니다. 그래서 ways는 [우**웨**이ㅅ↘]라고 끝을 내려서 읽습니다.

make + 명사 + 동사

[주어+make+목적어+보어] 형태는 계속 배우고 있는 5형식 구조입니다. make 뒤 목적어 자리에 명사가 나오고, 보어 자리에 동사가 나와서 '(명사)가 (동사)하게 만들다'의 의미를 나타냅니다.

1단계 뭉치학습 의미를 확장하면서 문장 만들기

make me feel (내가 느끼게 해주다)

❶ **He makes me.** 그는 나를 만들어.

주어(He)가 3인칭 단수이면서 현재 시제여서 make를 makes로 바꿔줍니다.

❷ ______________ + **feel welcome.** 그는 내가 환영받는다고 느끼게 해줘.

make의 보어 자리에 동사가 나올 땐 동사원형(feel)이 나와야 합니다.

❸ ______________ + ______________ + **all the time.**
그는 내가 항상 환영받는다고 느끼게 해줘.

all the time은 '항상'이란 의미로 문장 끝에 나옵니다.

2단계 발음학습 원어민 파일 듣고 따라 하기

He **ma**kes me **fee**l **we**lcome **a**ll the **ti**me.

- feel에서 모음 ee[i:]는 입술을 살짝 미소 짓듯이 [이]로 발음합니다.
- welcome에서 wel- 부분의 모음을 한 번에 읽어서 [웰]이라고 발음하지 않고, 하나씩 연결하면서 [우**웰**]이라고 발음합니다. w는 살짝 [우]로 발음하거나 입모양으로 흉내만 냅니다.
- all을 한 번에 강하게 [얼]이라고 발음하지 않습니다. ll을 [얼]로 발음해서 모음 a와 연결해서 [**어**얼↘]이라고 발음하면 좀 더 자연스럽습니다.

1단계 뭉치학습 의미를 확장하면서 문장 만들기

make it happen (일어나게 하다, 해내다)

❶ **I'm sure.** 난 확신해.

'확신한'이란 의미의 형용사 sure가 필요합니다. 형용사를 동사처럼 '확신하다'로 만들어야 할 땐 be 동사를 함께 사용합니다.

❷ ________ + **you can.** 난 네가 할 수 있다고 확신해.

❸ ________ + ________ + **make it happen.** 난 네가 해낼 수 있다고 확신해.

it은 일반적인 대상을 나타낼 때 사용할 수 있습니다.

2단계 발음학습 원어민 파일 듣고 따라 하기

I'm **su**re you can **ma**ke it **ha**ppen.

- sure에서 첫소리 s는 [ʃ] 소리가 나며, 입술을 동그랗게 오므리면서 [쉬]라고 발음합니다.
- 긍정형 can은 [큰]으로 모음을 약하게 발음합니다.
- happen은 1음절에 강세가 있습니다. 특히 ha-에서 모음 a[æ]는 턱을 아래로 내리고 입을 크게 벌리면서 [애]라고 발음합니다.

make + 명사 + 전치사

[주어+make+목적어+전치사] 구조입니다. 전치사가 들어가면 문장이 어렵게 느껴질 수 있지만, 우선 〈make+명사〉 구조를 기본으로 이해한 후, 뒤에 어떤 전치사가 오는지 어떤 의미를 가지고 있는지 알아보세요. 문장의 기본 구조를 이해하면 나머지 의미들을 이해하기가 수월해집니다.

1단계 뭉치학습 의미를 확장하면서 문장 만들기

make wine from~ (~로 와인을 만들다)

❶ I'm wondering why. 난 이유가 궁금해.

주어가 I일 때 wonder의 현재 진행형은 am wondering이 됩니다.

❷ ________________ + they make wine. 난 그들이 와인을 만드는 이유가 궁금해.

❸ ________________ + ______________ + from peaches.
난 그들이 복숭아로 와인을 만드는 이유가 궁금해.

'~로, ~로부터'란 의미로 재료를 나타낼 땐 전치사 from을 사용합니다.

2단계 발음학습 원어민 파일 듣고 따라 하기

I'm **wo**ndering why they **ma**ke **wi**ne from **pea**ches.

- wondering에서 모음 wo-를 한 번에 [워]로 발음하지 않고, 모음을 하나씩 연결해서 [우**워**]라고 읽습니다. 이때 w[우]는 약하게 발음하거나 입으로 흉내만 냅니다.
- why는 의문사로 쓰이지 않고 관계대명사로 쓰여서 약하게 발음해야 합니다.
- wine도 마찬가지입니다. wi-를 [와]로 발음하지 않고, 모음을 하나씩 연결해서 [우**와**]라고 읽습니다. 이때 [우]는 약하게 발음하거나 입으로 [우] 흉내만 냅니다.

make + 대명사 + 부사

[주어+make+목적어+부사] 형태로 목적어 자리에 대명사가 나오는 구조입니다.

1단계 뭉치학습 의미를 확장하면서 문장 만들기

make that up ((그걸) 지어내다, 거짓말하다)

❶ I didn't make that up. 내가 (그거) 지어낸 거 아니야.

'과거에 하지 않았다'라는 의미이므로 과거 시제 부정형인 didn't가 필요합니다. 〈make+대명사+up〉 구조로 동사구(make up)와 함께 대명사(that)를 사용할 땐 대명사가 동사와 부사 사이에 놓여서 make that up이 됩니다.

❷ ______________ + I've heard that. 내가 지어낸 거 아니야. 들었어.

과거에서 현재까지의 경험을 나타내는 의미이므로 hear의 현재완료형 have heard가 필요합니다.

❸ ______________ + ____________ + somewhere.
내가 지어낸 거 아니야. 어딘가에서 들었어.

2단계 발음학습 원어민 파일 듣고 따라 하기

I didn't make that up. I've heard that somewhere.

- didn't에서 두 번째 [d] 소리가 [ㄹ]로 약화되어 [디른↘]이라고 발음됩니다.
- that up에서 t가 모음(a)과 모음(u) 사이에 와서 [ㄹ]로 소리가 납니다.
- heard that에서 d[d]와 th[ð]는 비슷한 소리이므로 연음하여 한 번만 발음합니다.

1단계 뭉치학습 의미를 확장하면서 문장 만들기

make it up (보상하다)

❶ I'll make it up. 내가 (이거) 보상할게.

'~할 거야'라는 의미로 미래에 대한 다짐을 나타내는 조동사 will이 필요합니다. 〈make+대명사+up〉 구조로 동사구(make up)와 함께 대명사(it)를 사용할 땐 동사구 사이에 대명사가 놓여서 make it up 이 됩니다.

❷ ______________ + to you. 내가 너에게 보상할게.

'~에게'란 의미로 방향을 나타내는 전치사 to가 필요합니다. 전치사(to) 뒤에 대명사를 써야 할 때 목적격 대명사(you)를 사용합니다.

❸ ______________ + ______ + soon. 내가 곧 너에게 보상할게.

2단계 발음학습 원어민 파일 듣고 따라 하기

I'll make it up to you soon.

- it up에서 t가 모음(i)과 모음(u) 사이에 놓여서 [ㄹ]로 발음됩니다.
- 전치사 to는 [투]로 강하게 읽지 않고 [트]로 모음을 약하게 읽습니다.
- soon에서 첫소리 s는 [ㅅ]로 발음하지 않고 [ㅆ]로 발음합니다.

DAY 5-1

1단계 뭉치학습 의미를 확장하면서 문장 만들기

make it (해내다)

❶ **I feel.** 난 생각해.

동사 feel은 '느끼다'뿐만 아니라 '생각하다'라는 의미도 나타냅니다.

❷ _____ + **I can make it.** 난 내가 해낼 수 있다고 생각해.

make it은 '해내다, 성공하다, 시간 맞춰 가다, 참석하다, 버티다' 등 다양한 의미가 있습니다.

❸ _____ + ____________ + **even in tough situation.**
난 내가 힘든 상황일지라도 해낼 수 있다고 생각해.

'~에서'란 의미로 상황이나 배경을 나타내는 전치사 in이 필요합니다.

2단계 발음학습 원어민 파일 듣고 따라 하기

I **fee**l I can **ma**ke it **e**ven in **tou**gh **si**tu**a**tion.

- I는 [아이]라고 길고 강하게 읽지 않고, 짧고 약하게 [아]로 발음합니다.
- 긍정형 can은 [캔]이 아니라 모음 a를 약하게 [큰]이라고 발음합니다.
- tough에서 모음 ou는 [ʌ]소리가 납니다. 모음을 한 번에 [어]라고 강하게 발음하기보다는, [어]라고 발음하고 턱을 아래로 내리면서 [아] 소리를 살짝 냅니다. 그래서 ou는 [**어**아] 소리가 나서, tough는 [**터**아ㅍ↘]가 됩니다.

1단계 뭉치학습 의미를 확장하면서 문장 만들기

make sense (이해가 되다)

❶ **It doesn't make sense.** (이건) 이해가 안 돼.

대명사 It은 3인칭 단수이며 시제가 현재여서 부정형 don't를 doesn't로 바꿔줍니다.

❷ ______________________ + **to me.** 난 이해가 안 돼.

전치사(to) 뒤에 대명사가 올 때는 목적격 대명사(me)를 사용합니다. 그래서 '나에게 이해가 안 돼'라는 의미는 '난 이해가 안 돼'라는 의미가 됩니다.

❸ ______________________ + ______ + **either.** 나도 역시 이해가 안 돼.

'또한, 역시'의 의미로 부정문에 동의할 땐 either를 사용합니다. 긍정문에 동의할 땐 too를 사용합니다.

2단계 발음학습 원어민 파일 듣고 따라 하기

- 부정형 doesn't는 모음을 길고 강하게 발음합니다. 특히, 단어 끝의 t는 발음하지 않습니다.
- to me를 읽을 때 to는 [트]로 읽고 me는 끝을 내려서 읽습니다.
- either에서 모음 ei는 [iː] 소리가 납니다. 입술을 미소 짓듯이 하면서 발음합니다.

자주 사용하는 패턴

1단계 뭉치학습 의미를 확장하면서 문장 만들기

make sure (확실히 하다, 확인하다)

❶ Make sure. 확인해.

명령문에는 주어를 사용하지 않습니다. 하지만 의미상 주어는 you입니다.

❷ __________ + you type the name. 네가 이름을 입력했는지 확인해.

'입력하다, 타자 치다'라는 의미의 동사 type이 필요합니다.

❸ __________ + __________________ + correctly.
네가 이름을 똑바로 입력했는지 확인해.

2단계 발음학습 원어민 파일 듣고 따라 하기

Make **su**re you **ty**pe the **na**me co**rre**ctly.

- correctly는 2음절에 강세가 있습니다. t 뒤에 자음(l)이 나와서 [ㅌ]로 발음하지 않고 숨멎는 소리를 냅니다. 그리고 중요한 건 -ly를 [리]로 발음하지 않고, 자음 l 앞에 [을]을 살짝 넣어서 –ly를 [을리]로 약하게 발음합니다.
- correctly에서 -rrec-을 [렉]이라고 발음하기보다는 자음 r 앞에 [으] 소리를 살짝 넣어서 [으**렉**]이라고 발음하면 좀 더 자연스럽습니다.

1단계 뭉치학습 의미를 확장하면서 문장 만들기

make way (비키다, 자리를 양보하다)

❶ **Make way, there.** 저기, 비켜주세요.

사람의 관심을 끌면서 '저기'라고 말할 땐 부사 there를 사용합니다.

❷ ______________ + I need. 저기, 비켜주세요. 필요해요.

❸ ______________ + ______ + to get through. 저기, 비켜주세요. 지나가야 해요.

'지나가다'라는 의미의 동사구 get through가 필요합니다. need 뒤 목적어 자리에 동사구(get through)를 사용해야 할 땐 to부정사구(to get through)로 바꿔줍니다.

2단계 발음학습 원어민 파일 듣고 따라 하기

Make way, there. I need to get through.

- way에서 모음을 한 번에 [웨이]라고 발음하지 않고, 하나씩 연결하면서 [우**웨**이↘]라고 읽습니다. w는 약하게 [우]라고 발음하거나 입모양만 [우]처럼 흉내만 냅니다.
- need to에서 d와 t는 혀끝을 입천장의 돌출된 부분에 대고 내는 소리입니다. 단지 유성음이냐 무성음이냐의 차이뿐이죠. 이처럼 비슷한 소리일 때도 연음이 되며 앞소리를 생략하고 한 번만 발음합니다.

3단계 자신감 up check! 문장 듣고 말하기

그동안 학습한 20문장을 소리만 듣고
속도와 발음을 살려서 말할 수 있는지 체크해보세요.

1.

2.

3.

4.

5.

6.

7.

8.

9.

10.

11.

12.

13.

14.

15.

16.

17.

18.

19.

20.

반복해서
전문장 듣기

영어의 리듬을 타볼까요?

영어 단어는 단어 자체에 강세가 있을 뿐만 아니라 문장 안에서의 역할에 따라 강하게 읽어주는 단어와 약하게 읽어주는 단어로 나뉩니다. 이렇게 단어를 강하게 읽고 약하게 읽으면서 영어 문장의 강세와 리듬이 만들어지는 것입니다.

모든 영어 단어가 그런 건 아니지만, 사전 없이 새로운 단어를 발음해야 한다면, 끝에서 두 번째 음절에 강세를 주어 읽어보세요. 그리고 강세가 가지 않는 모음은 [어]나 [으]로 약하게 발음해보세요. 음악의 7음계로 영어 단어의 강세를 살펴보면 주로 '레 - 미 - 도' 다시 말해서 '중 - 강 - 약' 강세를 나타냅니다. 영어 문장을 읽을 때 단어 끝을 올려서 읽지 않는 연습이 필요한 이유도 대부분 영어 단어 끝이 약의 강세로 내려가기 때문입니다. 영어 단어를 강하게 끝을 올려서 발음하다 보면, 우리가 예상하는 소리의 음은 '미'에만 머물고, '레-도'에 해당하는 소리는 듣지 못하게 됩니다. 그래서 영어 단어를 '레 - 미 - 도' 음계처럼 '중 - 강 - 약' 강세로 익히면 영어 리듬을 놓치지 않으면서 듣고 이해할 수 있어 리스닝 실력이 향상됩니다.

영어 단어를 문장 안에서의 역할로 본다면, 중요한 의미를 전달하는 의미어와 이런 의미어들을 문법적으로 연결해주는 기능어로 나뉩니다. 의미어만 알아들어도 대충 문장을 이해할 수 있다고 해서 의미어만 듣고 받아 적는 연습을 하지만 큰 도움이 되진 않습니다. 왜냐하면 실제 대화 속에서 의미어를 듣고 이해하기 위해선 약하게 읽고, 줄여서 읽는 기능어에 대한 발음 학습과 연습이 필요하기 때문입니다. 빠르고 약하게 들리는 기능어들을 들을 때 긴장하지 않고 편하게 듣고 넘길 수 있어야 영어의 속도와 리듬에 신경이 안 쓰여서 의미어만 쏙쏙 알아듣게 됩니다.

기능어는? 문법적으로는 중요하지만 발음상으로 생략이나 축약이 되어 짧고 약하게 읽습니다.

① 관사: a, the 등

② 대명사: I, we, it, me 등

③ 전치사: on, with, to 등

④ 관계대명사: that, who 등

⑤ 접속사: while, if, as 등
⑥ 조동사: can, should 등
⑦ be동사: am, are 등

의미어는? 내용상 중요한 의미를 전달하는 단어이며 강세를 살려서 읽습니다.
① 명사: car, time, Korea 등
② 동사: have, like 등
③ 형용사: good, lazy 등
④ 부사: so, very 등
⑤ 의문사: What, How 등
⑥ 부정어: not, never 등

아래 예문으로 약하게 읽는 기능어와 강하게 읽는 의미어를 알아보겠습니다.

I **se**nt the **e**mail to a f**rie**nd at **ho**me this **mo**rning.

주어인 대명사 I, 관사 the와 a, 전치사 to와 at, 지시대명사 this는 기능어이고 약하게 읽습니다.
하지만 동사 sent, 명사 email, friend, home, morning은 의미어이고 강세를 살려서 읽습니다.

이처럼 의미어는 단어 자체의 강세를 살려서 읽는 연습이 필요하고 기능어는 짧고 약하게 읽는 연습이 필요합니다. 특히, 기능어가 문장 안에서 어떻게 발음되는지에 대한 학습이 영어 듣기와 말하기에서 매우 중요합니다.

6

만만한 KNOW

know로 20문장 만들기

KNOW

① know + 명사

- You know him better than me.
- I don't know anything about him.
- I know the way back into love.
- I know a great place for lunch in London.

② know + 문장

- I know it's hard to do.
- I didn't know you spoke French.

③ know + 의문사절

- I know what you're talking about.
- I don't know where I'm going now.
- I know how you feel about me.
- I don't know why he bothers you.
- I know who sent the flowers.

④ know + 의문사 + to부정사

- I don't know what to do next.
- I don't know how to get there.

⑤ Do + 주어 + know?

- Do you know the date of her wedding?
- How do you know that right away?

⑥ know + 전치사

- You know about my taste in music.

⑦ 자주 사용하는 표현

- You know, you're so overworked and underpaid.
- I don't know. I'll see him again or not.

⑧ 자주 사용하는 패턴

- I don't know if I can come but I'll try.
- All I know is he got promotion last week.

know + 명사

[주어+know+목적어] 형태로 목적어 자리에 명사가 나오는 3형식 문장입니다. know는 '알다, 이해하다, 확신하다' 등의 뜻을 나타냅니다.

1단계 뭉치학습 의미를 확장하면서 문장 만들기

know him (그를 알다)

❶ **You know him.** 넌 그를 알잖아.

동사(know)의 목적어 자리에 대명사가 나올 땐 목적격 대명사(him)를 사용합니다.

❷ ______________ + **better.** 넌 그를 더 잘 알잖아.

well의 비교급 better가 필요합니다.

❸ ______________ + ______ + **than me.** 넌 그를 나보다 더 잘 알잖아.

'~보다'라는 의미로 비교 대상을 나타낼 땐 전치사 than이 필요합니다. 전치사(than) 뒤에 대명사를 써야할 때는 목적격 대명사(me)를 사용합니다.

2단계 발음학습 원어민 파일 듣고 따라 하기

You **kno**w him **be**tter than me.

- him처럼 h로 시작하는 대명사는 h를 발음하지 않는 편입니다.
- better에서 tt가 강모음(e)과 약모음(e) 사이에서 [ㄹ]로 발음됩니다.
- than은 모음 a를 [애]로 강하게 읽지 않고 [어] 혹은 [으]로 약하게 발음합니다.

1단계 뭉치학습 의미를 확장하면서 문장 만들기

don't know anything (아무것도 모르다)

❶ **I don't know.** 난 몰라.

'~하지 않다'라는 의미이므로 현재 시제 부정형 don't가 필요합니다.

❷ ___________ **+ anything.** 난 아무것도 몰라.

'아무것(도)'이란 의미의 명사로 부정문에 사용할 수 있는 anything이 필요합니다.

❸ ___________ + ________ **+ about him.** 난 그에 대해 아무것도 몰라.

전치사(about) 뒤에 대명사를 써야 할 때는 목적격 대명사(him)를 사용합니다.

2단계 발음학습 원어민 파일 듣고 따라 하기

I **do**n't **kno**w **a**nything a**bo**ut him.

- I don't에서 d가 모음(I)과 모음(o) 사이에서 [ㄹ]로 발음됩니다.
- anything은 1음절에 강세가 있습니다. 첫소리 a는 우리말 [에]처럼 발음합니다.
- 전치사 about은 끝을 내려서 읽습니다.

1단계 뭉치학습 의미를 확장하면서 문장 만들기

know the way (방법을 알다)

❶ I know the way. 난 방법을 알아.

❷ ______________ + back. 난 돌아갈 방법을 알아.

'돌아갈'이란 의미의 부사 back이 필요합니다.

❸ ______________ + _____ + into love. 난 사랑으로 돌아갈 방법을 알아.

'~안으로, ~속으로'란 의미로 밖에서 안으로 이동하는 방향과 운동성을 나타내는 전치사 into가 필요합니다.

2단계 발음학습 원어민 파일 듣고 따라 하기

I **kno**w the **wa**y **ba**ck **in**to **lo**ve.

- I는 [아이]로 길게 발음하지 않고 짧고 약하게 [아↘]로 발음합니다.
- way는 모음 wa-를 합쳐서 [웨이]라고 발음하지 않고 모음을 하나씩 연결해서 [우**웨**이↘]라고 읽습니다. 특히 w는 약하게 [우]라고 하거나 입으로 흉내만 냅니다.
- back처럼 단어 끝이 〈자음+k〉이면 k는 발음하지 않습니다.
- into는 1음절에 강세가 있습니다. to는 모음을 강하게 [투]로 읽지 않고 약하게 [트]로 발음합니다.

1단계 뭉치학습 의미를 확장하면서 문장 만들기

know a great place (근사한 곳을 알다)

❶ I know a great place. 난 근사한 곳을 알아.

'근사한, 멋진'이란 의미의 형용사 great이 필요합니다. 명사구 great place 앞에 단수를 나타내는 관사 a를 넣어줍니다.

❷ ________________ + for lunch. 난 점심 먹을 근사한 곳을 알아.

'~하기 위해, ~하러'란 의미로 목적을 나타내는 전치사 for가 필요합니다.

❸ ________________ + ________ + in London.
난 런던에서 점심 먹을 근사한 곳을 알아.

'~에서'란 의미로 도시나 나라와 같이 넓은 장소를 나타낼 땐 전치사 in을 사용합니다.

2단계 발음학습 원어민 파일 듣고 따라 하기

I **kno**w a g**re**at pl**a**ce for **lu**nch in **Lo**ndon.

- a는 짧고 약하게 끝을 내려서 읽습니다.
- lunch in을 연음할 때 in를 짧고 약하게 끝을 내려서 읽습니다.
- London은 1음절에 강세가 있습니다. 특히 -don에서 강세가 가지 않는 모음 o를 [어]가 아니고 [으]로 약하게 발음합니다.

know + 문장

[주어+know+목적어] 형태로 know 뒤 목적어 자리에 절(문장)이 나오는 3형식 구조입니다. 목적어 자리에 나오는 명사절을 이끄는 관계대명사 that은 주로 생략됩니다.

1단계 뭉치학습 의미를 확장하면서 문장 만들기

know it's hard (어렵다는 걸 안다)

❶ I know. 난 알아.

❷ ________ + it's hard. 난 어렵다는 걸 알아.

know의 목적어 자리에 나온 명사절이며 that이 생략된 구조입니다. 주어 자리에 to부정사구(to do) 대신에 가주어 it이 나왔습니다.

❸ ________ + ________ + to do. 난 하기 어렵다는 걸 알아.

동사(do)를 (진)주어로 사용할 때는 to부정사구(to do) 형태로 바꿔줍니다. 하지만 to부정사구가 문장의 주어 자리에 오는 것을 피하기 위해서 주어 자리에 가주어(it)를 놓고 to부정사는 문장 끝으로 보내줍니다.

2단계 발음학습 원어민 파일 듣고 따라 하기

• hard처럼 r 다음으로 d가 단어 끝에 나오면 r 소리로 동화됩니다.
• to부정사의 to도 [투]가 아니고 [트]로 모음을 약하게 발음합니다.

1단계 뭉치학습 의미를 확장하면서 문장 만들기

know you spoke (네가 말했는지를 안다)

❶ **I didn't know.** 난 몰랐어.

'과거에 하지 않았다'라는 의미이므로 과거 시제 부정형 didn't가 필요합니다.

❷ ____________ + **you spoke.** 난 네가 말했는지를 몰랐어.

know의 목적어 자리에 나온 명사절이며 that이 생략되었습니다. '과거에 말했다'라는 의미이므로 speak의 과거형 spoke가 필요합니다.

❸ ____________ + __________ + **French.** 난 네가 프랑스어를 말했는지를 몰랐어.

'프랑스어'를 의미하는 명사 French가 필요합니다.

2단계 발음학습 원어민 파일 듣고 따라 하기

I didn't know you spoke French.

- didn't에서 두번째 d는 소리가 약화되어 [ㄹ]로 발음되어서 [디른↘]이라고 읽습니다.
- spoke에서 s 뒤에 나온 p는 [ㅍ]가 아니고 [ㅃ]로 발음합니다.
- French에서 ch는 입술을 오므리면서 [취↘]라고 짧고 약하게 발음합니다. 모음 [이]를 넣어서 [취이]라고 길게 발음하지 않습니다.

know + 의문사절

[주어+know+목적어] 형태로 목적어 자리에 의문사절이 나오는 3형식 구조입니다. 의문사절은 what, where, how, why, who와 같은 의문사로 시작하는 문장(절)을 말하며 명사 역할을 해서 명사절이라고도 합니다.

1단계 뭉치학습 의미를 확장하면서 문장 만들기

know what you're talking about (네가 뭘 말하는지 알다)

❶ I know. 난 알아.

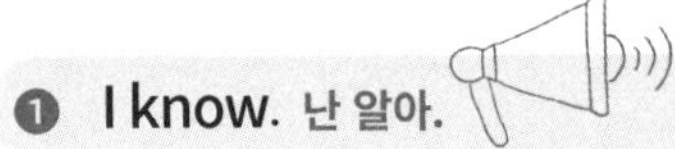

❷ ______ + what you're talking about. 난 네가 뭐에 대해서 말하는지 알아.

know의 목적어 자리에 의문사 what절이 나왔습니다. what 뒤에는 주어+동사가 나와야 합니다. '네가 지금 말하고 있는 중이다'라는 의미이므로 talk about의 현재진행형 are talking about이 필요합니다.

2단계 발음학습 원어민 파일 듣고 따라 하기

I **kno**w what you're **ta**lking a**bo**ut.

• what의 t는 받침소리로 발음하여 [우왇↘]이라고 발음하거나 t 소리가 약화되어 발음하지 않기도 합니다.

1단계 뭉치학습 의미를 확장하면서 문장 만들기

know where I'm going (내가 어디를 가는지 알다)

❶ **I don't know.** 난 모르겠어.

'~하지 않다'라는 의미이므로 부정형 don't가 필요합니다.

❷ ___________ + **where I'm going.** 난 내가 어디를 가는지(를) 모르겠어.

know의 목적어 자리에 장소를 나타내는 의문사 where가 이끄는 명사절이 나왔습니다. where 뒤에는 주어+동사가 나와야 합니다. '내가 가고 있는 중이다'라는 의미이므로 go의 현재형 am going이 필요합니다.

❸ ___________ + ______________ + **now.** 난 내가 지금 어디를 가는지 모르겠어.

2단계 발음학습 원어민 파일 듣고 따라 하기

I **do**n't **kno**w where I'm **go**ing **no**w.

- I don't에서 d가 모음(I)과 모음(o) 사이에서 [ㄹ]로 발음됩니다.
- where를 [웨어]라고 모음을 한 번에 발음하지 않고, [우웨어↘]라고 모음을 하나씩 연결하면서 발음합니다. 이때 [우]라고 약하게 발음하거나 입모양으로 흉내만 냅니다.
- going에서 모음 o는 [오]로 강하게 발음하지 않고 [**오**우↘]라고 발음합니다. 그리고 -ing에서 g를 약하게 발음하거나 아예 발음하지 않곤 합니다.

DAY 3-1

1단계 뭉치학습 의미를 확장하면서 문장 만들기

know how you feel (네가 어떻게 느끼는지를 알다)

❶ I know. 난 알아.

❷ ______ + how you feel. 난 네가 어떻게 느끼는지를 알아.

know의 목적어 자리에 방법을 나타내는 의문사 how가 이끄는 명사절이 나왔습니다. how 뒤에는 주어+동사가 나와야 합니다. '느끼다'라는 의미의 동사 feel이 필요합니다.

❸ ______ + __________ + about me. 난 나에 대해서 네가 어떻게 느끼는지를 알아.

'~에 대해서'라는 의미의 전치사 about이 필요합니다. 전치사(about) 뒤에 대명사가 나올 땐 목적격 대명사(me)를 사용합니다.

2단계 발음학습 원어민 파일 듣고 따라 하기

I know how you feel about me.

- how의 h 소리는 입천장에 혀를 대지 않고 바람을 내보내면서 [ㅎ]라고 말합니다.
- feel에서 모음 ee[i:]는 입술을 살짝 미소 짓듯이 [이]로 발음합니다.

1단계 뭉치학습 의미를 확장하면서 문장 만들기

know why he bothers (왜 그가 괴롭히는지 알다)

❶ I don't know. 난 모르겠어.

'~하지 않다'라는 의미이므로 부정형 don't가 필요합니다.

❷ ____________ + why he bothers. 난 왜 그가 괴롭히는지 모르겠어.

know의 목적어 자리에 이유를 나타내는 의문사 why가 이끄는 명사절이 나왔습니다. why 뒤에는 주어+동사가 나와야 합니다. '괴롭히다'라는 의미의 동사 bother가 필요합니다. 주어(he)가 3인칭 단수이며 현재 시제이므로 bother가 bothers가 됩니다.

❸ ____________ + ______________ + you. 난 왜 그가 널 괴롭히는지 모르겠어.

2단계 발음학습 원어민 파일 듣고 따라 하기

I don't know why he bothers you.

- 부정형 don't는 모음을 강하게 발음합니다. 단어 끝의 t는 발음하지 않습니다.
- I don't에서 d가 모음(I)과 모음(o)사이에서 [ㄹ]로 발음됩니다.
- bother는 1음절에 강세가 있습니다.
- bothers you에서 s[z]로 끝나는 단어 뒤에 y로 시작하는 you가 나와서 연음하여 약하게 [쥬↘]로 끝을 내려서 읽습니다.

DAY 3-3

1단계 뭉치학습 의미를 확장하면서 문장 만들기

know who sent (누가 보냈는지 알다)

❶ I know. 난 알아.

❷ ______ + who sent. 난 누가 보냈는지 알아.

know 뒤 목적어 자리에 '누구'를 의미하는 의문사 who가 이끄는 명사절이 나왔습니다. 특히, who는 자신이 이끄는 절의 주어 역할까지 합니다. 그래서 who 뒤에 동사 sent가 바로 나옵니다.

❸ ______ + ________ + the flowers. 난 누가 꽃다발을 보냈는지 알아.

2단계 발음학습 원어민 파일 듣고 따라 하기

I **kno**w who **se**nt the f**lo**wers.

- sent처럼 –nt로 끝나는 단어의 끝소리 [t]를 발음하지 않으면 더 자연스럽습니다.
- flowers는 1음절에 강세가 있습니다. 끝을 내려서 읽습니다. 자음 l 앞에 [을]을 살짝 넣어서 발음하면 좀 더 리듬을 살릴 수 있습니다.

know + 의문사 + to부정사

[주어+know+의문사+to부정사] 형태로 know 동사의 목적어 자리에 what, how 등의 의문사가 to부정사와 함께 나오는 3형식 구조입니다. 〈의문사+to부정사〉는 명사 역할을 하며 '~해야 할지(를)' 라고 해석합니다.

1단계 뭉치학습 의미를 확장하면서 문장 만들기

know what to do (뭘 해야 할지 알다)

❶ I don't know. 난 모르겠어.

'~하지 않다'라는 의미이므로 부정형 don't가 필요합니다.

❷ ____________ + what to do. 난 뭘 해야 할지 모르겠어.

〈what+to부정사〉 구조입니다. '무엇'이란 의미의 의문사 what 뒤에 '하다'라는 의미의 동사 do가 to부정사 형태로 나와야 합니다. 그래서 what to do는 '무엇을 해야 할지'라는 의미가 됩니다.

❸ ____________ + ____________ + next. 난 다음에 뭘 해야 할지 모르겠어.

2단계 발음학습 원어민 파일 듣고 따라 하기

I don't know what to do next.

- I don't에서 d가 모음(I)과 모음(o) 사이에서 약화되어 [ㄹ]로 발음됩니다.
- what에서 단어 끝에 나오는 t는 받침소리로 발음해서 [우왇↘]으로 약하게 읽습니다.
- to는 모음을 길고 강하게 [투]로 발음하지 않고 짧고 약하게 [트]로 발음합니다.

1단계 뭉치학습 의미를 확장하면서 문장 만들기

know how to get (어떻게 가야 할지 알다)

❶ **I don't know.** 난 모르겠어.

'~하지 않다'라는 의미이므로 부정형 don't가 필요합니다.

❷ ____________ + **how to get.** 난 어떻게 가야 할지 모르겠어.

〈how+to부정사〉 구조입니다. '어떻게'라는 의미의 의문사 how 뒤에 '가다'라는 의미의 동사 get의 to부정사 형태가 나와야 합니다. 그래서 how to get은 '어떻게 가야 할지'라는 의미가 됩니다.

❸ ____________ + ____________ + **there.** 난 거기에 어떻게 가야 할지 모르겠어.

2단계 발음학습 원어민 파일 듣고 따라 하기

I **do**n't **kno**w how to **ge**t **the**re.

- 부정어 don't는 모음을 강하게 읽습니다. 단어 끝의 t는 발음하지 않습니다.
- how to에서 자음 t는 모음(ow)과 모음(o) 사이에서 [ㄹ]로 발음이 됩니다. 그리고 모음 o는 [으]로 약하게 읽거나 아예 발음하지 않습니다.

Do + 주어 + know

동사 know의 의문문 구조입니다. know는 동작 동사여서 의문문을 만들 때 조동사 Do가 필요합니다.

1단계 뭉치학습 의미를 확장하면서 문장 만들기

Do you know? (너 알아?)

❶ Do you know? 너 알아?

❷ ____________ + the date? 너 날짜를 알아?

'날짜'를 나타내는 명사 the date가 필요합니다.

❸ ____________ + ________ + of her wedding? 너 그녀의 결혼식 날짜를 알아?

'~의'란 의미로 연관된 소속이나 사실들을 나타내는 전치사 of가 필요합니다.

2단계 발음학습 원어민 파일 듣고 따라 하기

Do you know the date of her wedding?

- date of에서 date의 단어 끝에 나온 e는 발음하지 않습니다. 그래서 t가 강모음(a)과 약모음(o) 사이에서 [ㄹ]로 발음됩니다.
- her는 짧고 약하게 발음하며 끝을 올리지 않습니다.
- wedding에서 모음 we-를 한 번에 [웨]로 발음하지 않습니다. 모음을 하나씩 연결해서 [우**웨**]로 발음해야 합니다. 이때 w[우]는 약하게 발음하거나 입으로 흉내만 냅니다. 그리고 dd가 강모음(e)과 약모음(i) 사이에서 [ㄹ]로 발음되어서 wedding은 [우**웨**링↘]으로 발음됩니다.

DAY 4-3

1단계 뭉치학습 의미를 확장하면서 문장 만들기

How do you know? (어떻게 네가 알아?)

❶ How do you know? 어떻게 네가 알아?

do you know 앞에 '어떻게'라는 의미의 의문사 How가 필요합니다.

❷ ________________ + that? 어떻게 네가 그걸 알아?

❸ ________________ + _____ + right away? 어떻게 네가 그걸 바로 알아?

2단계 발음학습 원어민 파일 듣고 따라 하기

How do you know that right away?

- 조동사로 쓰인 do는 모음을 강하게 [두]라고 발음하지 않고 [드]로 약하게 발음하거나 d 소리를 약화시켜 [르]로 발음하기도 합니다.
- right에서 gh는 묵음입니다. 그래서 t가 강모음(i)과 약모음(a) 사이에서 [ㄹ]로 발음됩니다.
- away는 2음절에 강세가 있습니다.

know + 전치사

[주어+know+전치사] 형태로 know 뒤에 전치사 about이 주로 나옵니다.

1단계 뭉치학습 의미를 확장하면서 문장 만들기

know about (~에 대해서 알다)

❶ You know. 넌 알잖아.

❷ ________ + about my taste. 넌 내 취향에 대해서 알잖아.

'~에 대해서'라는 의미의 전치사 about이 필요합니다. '취향, 맛'이란 의미의 명사 taste가 필요합니다.

❸ ________ + ______________ + in music. 넌 내 음악 취향에 대해서 알잖아.

'~에'라는 의미로 분야나 학문을 나타낼 땐 전치사 in을 사용합니다.

2단계 발음학습 원어민 파일 듣고 따라 하기

You **kno**w a**bo**ut my **ta**ste in **mu**sic.

- taste in을 연음할 때 끝을 올리지 말고 내려서 읽습니다.
- music은 1음절에 강세가 있습니다. 특히 –sic에서 s는 [z] 소리가 납니다. z는 혀를 입천장에 닿지 않게 성대를 울리면서 발음합니다. s와 z는 발음되는 혀의 위치는 같지만 s는 성대가 울리지 않는 무성음이고, z는 성대가 울리는 유성음입니다.

DAY 5-1

자주 사용하는 표현

1단계 뭉치학습 의미를 확장하면서 문장 만들기

You know (있잖아)

❶ You know, 있잖아,

다음에 말할 걸 생각할 때, 무언가를 기억해내거나, 설명할 때 사용하는 표현입니다.

❷ ________ + you're so overworked. 있잖아, 넌 너무 혹사당하고 있어.

'혹사당하는'이란 의미의 형용사 overworked가 필요합니다.

❸ ________ + ____________________ + and underpaid.
있잖아, 넌 너무 혹사당하고 저임금을 받고 있어.

'저임금을 받는'이란 의미의 형용사 underpaid가 필요합니다.

2단계 발음학습 원어민 파일 듣고 따라 하기

You **kno**w, you're **so** **o**ver**wo**rked and **u**nder**pa**id.

- overworked에서 -ed는 무성음 [k] 뒤에 나와서 [t]로 발음합니다.
- overworked에서 첫소리 o는 모음을 한 번에 [오]라고 발음하지 않고 [**오**우↘]라고 발음합니다.
- and처럼 자주 사용하는 단어 끝의 d는 발음하지 않습니다.

1단계 뭉치학습 의미를 확장하면서 문장 만들기

I don't know. (나도 몰라)

❶ I don't know. 나도 몰라.

모르는 내용을 말할 때나, 누군가가 한 행동에 대해서 화낼 때 사용하는 표현입니다.

❷ ____________ + I'll see him again. 나도 몰라. 내가 그를 다시 볼지.

'~할 것이다'라는 의미로 미래에 대한 강한 다짐이나 추측을 나타내는 조동사 will이 필요합니다.

❸ ____________ + ______________ + or not. 나도 몰라. 내가 그를 다시 볼지 아닐지.

'~일지 아닐지'란 의미로 or not이 필요합니다.

2단계 발음학습 원어민 파일 듣고 따라 하기

I **don't know**. I'll **see** him a**ga**in or **no**t.

- I'll은 모음 I를 길게 [아이]라고 발음하지 않고 짧게 [아]로 발음합니다. 자음 ll은 [열]로 약하게 발음합니다. 그래서 I'll은 [아열↘]이라고 발음합니다.
- again은 2음절에 강세가 있습니다.

자주 사용하는 패턴

1단계 뭉치학습 의미를 확장하면서 문장 만들기

don't know if (인지 모르다)

❶ I don't know. 나도 몰라.

❷ ____________ + if I can come. 난 내가 갈 수 있을지 모르겠어.

know의 목적어 자리에 의문이나 불확실한 사실을 나타내는 if절이 나왔습니다. '~인지 아닌지, ~일지'를 의미하며 목적어 자리에 나와서 명사절이라고도 합니다. 조건문을 이끄는 if와 구별하여 이해할 필요가 있습니다. 조건문에 쓰인 if는 '만약 ~(라)면'이란 의미이며 부사절을 이끕니다. 부사처럼 주절의 앞이나 뒤에 독립적으로 나옵니다. 명사절 if절과 부사절 if절은 나온 위치로 그 의미를 정확히 파악하는 것이 중요합니다.

❸ ____________ + ____________ + but I'll try.
난 내가 갈 수 있을지 모르겠지만 노력해볼게.

미래에 대한 강한 의지를 나타내는 조동사 will이 필요합니다. '노력하다'란 의미의 동사 try가 필요합니다.

2단계 발음학습 원어민 파일 듣고 따라 하기

I **don**'t **know** if I can **co**me but I'll t**ry**.

- if I를 연음할 때, 끝을 올리지 말고 내려서 읽습니다.
- 긍정형 can은 모음을 짧고 약하게 [큰]으로 발음합니다.
- but I'll에서 t가 모음(u)과 모음(I) 사이에서 [ㄹ]로 발음됩니다.
- try처럼 tr로 시작하는 단어에서 t는 [츄]로 약하게 발음합니다.

1단계 뭉치학습 의미를 확장하면서 문장 만들기

All I know (내가 아는 건)

❶ **All I know is.** 내가 아는 건 이거야.

'오직 한 가지, 전부'란 의미의 명사 All이 필요합니다. All 뒤에 that이 생략된 형용사절 I know가 나오고 '내가 아는'이라고 해석됩니다. 특히 All은 3인칭 단수 취급을 하므로 현재 시제일 땐 be동사가 is로 바뀝니다.

❷ ___________ + **he got promotion.** 내가 아는 건 그가 승진했다는 거야.

'과거에 받았다'라는 의미이므로 get의 과거형 got이 필요합니다. get promotion이라고 하면 '승진을 받다, 승진하다'라는 의미가 됩니다.

❸ ___________ + _______________ + **last week.** 내가 아는 건 지난 주에 그가 승진했다는 거야.

2단계 발음학습 원어민 파일 듣고 따라 하기

All I know is he got promotion last week.

- all은 [얼]이라고 발음하지 않고 [**어**얼↘]이라고 발음합니다.
- promotion은 2음절에 강세가 있습니다. 특히 '-tion'으로 끝나는 단어는 –tion 앞에 나오는 모음에 강세가 있습니다.
- last week에서 자음이 연속해서 세 개(stw)가 나와서 가운데 자음 t는 발음하지 않습니다.

3단계 자신감 up check! **문장 듣고 말하기**

그동안 학습한 20문장을 소리만 듣고
속도와 발음을 살려서 말할 수 있는지 체크해보세요.

1.
2.
3.
4.
5.
6.
7.
8.
9.
10.
11.
12.
13.
14.
15.
16.
17.
18.
19.
20.

반복해서
전문장 듣기

한국어는 하나로 합치지만, 영어는 하나씩 연결해서 읽어야 한다고요?

제 이름은 조은경입니다. 영어권 사람들에게 "은경"이라고 하면 "으응 기여영~"이라고 말하면서 발음하기 어려워합니다. 반대로 호주에 Woolworths라는 대형마트가 있는데, 제가 "울 월스"라고 하면 거의 못 알아 듣습니다.

왜 그럴까요?

영어는 글자를 하나씩 연결해서 발음하지만, 한국어는 글자를 하나로 합쳐서 발음하는 특징이 있기 때문입니다. 그래서 '은경'이 '으응 기여영'이 되고 '우**울** (우)**워**월ㅆ'가 '울 월쓰'가 되는 것입니다. 이런 차이점 때문에 반모음인 w, y와 함께 사용된 단어를 발음하는 것이 어렵습니다.

w, y의 발음을 알아보겠습니다.

w는 모음이라도 독자적으로 사용하지 못해서 wa-, we-, wi-, wo-와 같이 뒤에 다른 모음과 함께 나와야 합니다. w는 입을 주욱 내밀어 살짝 [우]라고 발음하거나 입모양만 [우]라고 흉내 내고 다음 모음을 이어서 발음합니다.

① without [위**다**웉↘]이 아니고 [우위**다**웉↘]
winter [**윈**터↘]가 아니고 [우**윈**터↘]

② wife [**와**이프↘]가 아니고 [우**와**이ㅍ↘]

③ world [**월**드↘]가 아니고 [우**워**얼ㄷ↘]

④ want [**원**트↘]이 아니고 [우**원**(ㅌ)↘]
wall [**월**]이 아니고 [우**워**얼↘]

⑤ well [**웰**]이 아니고 [우**웨**엘↘]
wedding [**웨**딩↘]이 아니고 [우**웨**딩↘]

y는 우리말 [이] 소리를 약하게 발음하고 다음 모음을 연결해서 발음합니다.

⑥ yesterday [**예**스터데이↘]가 아니고 [이**예**ㅅ떠데이↘]

⑦ yes [**예**스]가 아니고 [이**예**ㅆ↘]

⑧ yet [**옡**]이 아니고 [이**옡**↘]

이렇게 w나 y가 들어간 모음군의 모음을 하나씩 연결해서 발음하면 좀 더 자연스럽게 단어를 읽을 수 있습니다. 그동안 w나 y가 들어간 단어를 발음할 때 왠지 딱딱하고 툭툭 끊어지는 느낌이 들었다면, 이젠 부드럽게 리듬을 살려서 읽을 수 있습니다.

7
만만한
THINK
think로 20문장 만들기

THINK

① think + 명사

- I'm thinking the moment first we met.
- You'd better think that idea through.

② think + to부정사

- I'm thinking to hang out with her after school.

③ think + 부사

- Think big and go all the way toward your goals.
- I think twice before buying clothes online.

④ think + 전치사

- I thought of something funny to say.
- I think about the future too much.

⑤ 명사 thought

- You were lost in thought, I guess.

⑥ think + 문장

- I think I'm gonna remember your name.
- I think I'll lie down for a while.
- I thought he's telling the truth.
- I thought you were gone forever.
- I don't think you can bring in water.
- I didn't think you were taller than him.

⑦ Do + 주어 + think?

- Do you think you can move it by yourself?
- Do you really think I should help them?
- What do you think you're doing here?
- Why do you think he did such a thing?

⑧ 자주 사용하는 표현

- Come to think of it, my hair grew fast.
- Don't hurry me. Let me think a minute

think + 명사

[주어+think+목적어] 형태로 목적어 자리에 명사가 나오는 3형식 구조입니다. think 뒤에 다양한 명사가 나와서, '생각하다, ~일 것 같다, ~라고 믿다' 등의 의미를 나타냅니다.

1단계 뭉치학습 의미를 확장하면서 문장 만들기

think the moment (순간을 생각하다)

❶ I'm thinking. 난 생각하고 있어.

'생각하고 있는 중이다'라는 의미이므로 동사 think의 현재진행형 am thinking이 필요합니다.

❷ __________ + the moment. 난 순간을 생각하고 있어.

구체적이고 이미 알려진 내용을 말할 땐 정관사 the를 사용합니다.

❸ __________ + __________ + first we met.
난 우리가 처음 만난 순간을 생각하고 있어.

명사 the moment를 수식해주는 형용사절이 필요합니다. 관계대명사 that이 생략되었습니다. '과거에 만났다'라는 의미이므로 meet의 과거형 met이 필요합니다.

2단계 발음학습 원어민 파일 듣고 따라 하기

I'm **thi**nking the **mo**ment **fi**rst we **me**t.

- thinking의 첫소리 th[θ]는 혀끝을 윗니와 아랫니 사이에 살짝 물고 바람을 내보내면서 [ㅆ]라고 발음합니다.
- I'm thinking the를 읽을 때, I'm과 the의 끝을 올리지 말고 내리세요.
- moment처럼 단어 끝에 –nt가 나오면 t는 발음하지 않습니다.

1단계 뭉치학습 의미를 확장하면서 문장 만들기

think this (이걸 생각하다)

❶ You'd better think. 넌 생각하는 게 좋을 거야.

'~하는 게 좋다'라는 의미의 would better가 필요합니다. would better 뒤에는 동사원형이 나옵니다.

❷ ________________ + that idea. 넌 그 아이디어를 생각하는 게 좋을 거야.

❸ ________________ + ________ + through.
넌 그 아이디어를 **철저하게** 생각하는 게 좋을 거야.

'철저하게'라는 의미의 부사 through가 필요합니다. through는 '한쪽 끝에서 다른 한쪽 끝으로 이동하는, 관통하는'이란 의미를 나타냅니다.

2단계 발음학습 원어민 파일 듣고 따라 하기

You'd **be**tter **thi**nk that i**de**a th**rou**gh.

- better에서 tt는 강모음(e)과 약모음(e) 사이에서 [ㄹ]로 발음됩니다.
- that은 짧고 약하게 발음합니다. 특히, 끝소리 t는 받침소리로 발음합니다.
- idea는 2음절에 강세가 있습니다. [아이디어]로 읽지 않고 [아이**디**야↘]로 발음합니다. 어떻게 들리는지 다시 한 번 들어보세요.
- through의 첫소리 th[θ]는 혀끝을 윗니와 아랫니 사이에 살짝 물고 바람을 내보내면서 [ㅆ] 소리를 냅니다. 자음 r 앞에 [으]를 살짝 넣어서 발음하면 더 자연스럽습니다.

think + to부정사

[주어+think+목적어] 형태로 목적어 자리에 to부정사가 나온 3형식 구조입니다. think 뒤 목적어 자리에 동사가 나와야 할 땐 to부정사로 바꿔줍니다.

1단계 뭉치학습 의미를 확장하면서 문장 만들기

think to hang out (놀 생각을 하다)

❶ **I'm thinking to hang out.** 난 놀 생각을 해.

'생각하는 중이다'라는 의미이므로 think의 현재진행형 am thinking이 필요합니다. '어울려 놀다'라는 의미의 동사구 hang out이 목적어 자리에 나올 땐 to부정사구(to hang out)로 바꿔줍니다.

❷ ________________________ + **with her.** 난 그녀와 놀 생각을 해.

'~와'란 의미의 전치사 with가 필요합니다. 전치사(with) 뒤에 대명사를 써야 할 때는 목적격 대명사(her)를 사용합니다.

❸ ________________________ + ________ + **after school.** 난 학교 끝나고 그녀와 놀 생각을 해.

'~후에'라는 의미의 전치사 after가 필요합니다.

2단계 발음학습 원어민 파일 듣고 따라 하기

I'm **thi**nking to **ha**ng **o**ut with her **a**fter s**choo**l.

- to는 모음을 강하게 [투]라고 발음하지 않고 [트↘]라고 약하게 발음합니다.
- hang에서 모음 a는 [æ] 소리가 납니다. 한국말 [애]를 발음할 때보다 턱을 아래로 내리고 입을 크게 벌리면서 발음합니다.

think + 부사

[주어+think+부사] 형태로 think 뒤에 부사가 나오는 1형식 구조입니다.

1단계 뭉치학습 의미를 확장하면서 문장 만들기

think big (크게 생각하다)

❶ Think big. 크게 생각해.

'크게'라는 의미의 부사 big이 필요합니다. big은 형용사와 부사의 형태가 같습니다.

❷ ________ + and go all the way. 크게 생각해서 쭉 가.

'쭉, 온 힘을 다해'라는 표현은 all the way입니다.

❸ ________ + ________________ + toward your goals.
크게 생각해서 네 목표를 향해 쭉 가.

'~쪽으로, 향하여'란 의미로 운동의 방향을 나타내는 전치사 toward가 필요합니다.

2단계 발음학습 원어민 파일 듣고 따라 하기

Think big and go all the way toward your goals.

- way는 모음을 한 번에 [웨이]라고 발음하지 않고, 모음을 하나씩 연결해서 [우**웨**이↘]라고 발음합니다.
- toward your에서 d로 끝나는 단어 뒤에 y로 시작하는 your가 나오면 연음하여 [쥬어r↘]로 발음합니다.

1단계 뭉치학습 의미를 확장하면서 문장 만들기

think twice (두 번 생각하다)

❶ **I think twice.** 난 두 번 생각해.

'두 번'이란 의미의 부사 twice가 필요합니다.

❷ ________ + **before buying clothes.** 난 옷 사기 전에 두 번 생각해.

전치사(before) 뒤에 동사(buy)를 사용할 때는 동명사(buying)로 바꿔줍니다. 옷을 나타내는 clothes는 항상 복수형으로 사용합니다.

❸ ________ + ____________________ + **online.**

난 온라인으로 옷 사기 전에 두 번 생각해.

2단계 발음학습 문장의 의미를 생각하면서 원어민 파일을 듣고 따라 읽으세요.

I **thi**nk t**wi**ce be**fo**re **bu**ying c**lo**thes on**li**ne.

- buying은 1음절에 강세가 있습니다. ing 부분은 끝을 올리지 않고 내려서 읽습니다.
- clothes에서 th[ð]는 발음이 생략되고 –es는 [z]로 발음됩니다. [z]는 배에 힘을 주어 공기를 빼내면서 혀를 입안에서 진동시키는 소리입니다. 그래서 clothes는 [클**로**우ㅈ↘]라고 발음합니다.
- online은 자음 l 앞에 [을]을 살짝 넣어서 발음하여 [을**라**인↘]이라고 발음하면 좀 더 자연스럽습니다.

think + 전치사

[주어+think+전치사] 형태입니다. think 뒤에 전치사 of나 about이 주로 나옵니다.

1단계 뭉치학습 의미를 확장하면서 문장 만들기

think of (~을 생각하다)

❶ **I thought of.** 난 ~을 생각했어.

think of 뒤에는 구체적인 정보나 사실, 머릿속에서 떠올리거나 생각하는 것들이 나옵니다. '과거에 생각했다'라는 의미이므로 thought of가 필요합니다.

❷ ___________ + something funny. 난 뭔가 웃긴 걸 생각했어.

something처럼 -thing으로 끝나는 명사는 형용사(funny)가 뒤에서 꾸며줍니다.

❸ ___________ + ________________ + to say. 난 뭔가 웃긴 말을 생각했어.

to say는 '말을'이라고 해석하지만, 의미를 살펴보면 '말할 뭔가 웃긴 거'라는 의미입니다. 그래서 동사 say가 앞에 나오는 명사구 somthig funny를 수식하는 형용사 역할을 해야 해서 to부정사(to say)로 바꿔줍니다.

2단계 발음학습 원어민 파일 듣고 따라 하기

I **thou**ght of **so**mething **fu**nny to **sa**y.

- thought에서 첫소리 th[θ]는 혀끝을 윗니와 아랫니 사이에 살짝 물고 바람을 내보내면서 [ㄸ] 소리를 냅니다. 모음 ou[ɔ:]는 [오]에서 [아]로 가는 중간발음입니다. [오]를 발음해보세요. 이번에는 [아]를 발음해보세요. [아]를 발음할 때 턱이 아래로 내려가고 입이 더 벌려집니다. 이런 느낌으로 thought은 [땃]이나 [똣]으로 발음합니다.
- thought of에서 gh가 묵음입니다. t가 강모음(ou)과 약모음(o) 사이에서 [ㄹ]로 발음됩니다. 그래서 thought of는 [**따**럽↘]이나 [**또**럽↘]이라고 발음합니다.

1단계 뭉치학습 의미를 확장하면서 문장 만들기

think about (~에 대해서 생각하다)

❶ **I think about.** 난 ~에 대해서 생각해.

think about은 '~에 대해서 고려하다, 숙고하다'라는 의미로 무언가에 대해서 고민하는 의미를 나타냅니다.

❷ ____________ + **the future.** 난 **미래**에 대해서 생각해.

❸ ____________ + __________ + **too much.** 난 미래에 대해서 **너무 많이** 생각해.

'너무'란 의미의 부사 too가 필요합니다. 특히, too는 부정적인 뉘앙스를 풍깁니다.

2단계 발음학습 원어민 파일 듣고 따라 하기

I **thi**nk a**bou**t the **fu**ture **too mu**ch.

- 명사 future는 1음절에 강세가 읽습니다. [**퓨**춰↘]라고 단어의 끝을 내려야 뒤에 나오는 too much를 말할 때 호흡이 편해집니다.
- much에서 u는 [ʌ] 소리를 냅니다. 모음 [ʌ]는 [어]나 [아]로 나지 않고, [어] 하고 턱을 아래로 내리고 입을 벌리면서 살짝 [아] 소리를 냅니다. 그래서 much는 [머취]가 아니고 [**머**아취↘]로 끝을 올리지 않고 내리면서 발음합니다.

명사 thought

thought는 think의 명사형이며 '생각, 사고' 등을 의미합니다.

1단계 뭉치학습 의미를 확장하면서 문장 만들기

in thought (생각에 빠진)

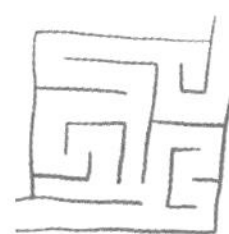

❶ **You were lost.** 넌 빠져 있었어.

'잃다, 잃어버리다'라는 의미의 동사 lose의 수동형 be lost는 '길이나 방향 등을 잃거나, 정신이 혼란스러운 상태' 등을 나타냅니다. 주어(You)가 2인칭 단수이며 시제가 과거이므로 be가 were로 바뀝니다.

❷ ______________ + **in thought.** 넌 생각에 빠져 있었어.

'~에'라는 의미로 상태나 상황을 나타낼 땐 전치사 in을 사용합니다. 그래서 be lost in은 '~에 집중하는, ~에 빠져 있는'이란 의미가 됩니다.

❸ ______________ + ____________ + **I guess.** 넌 생각에 빠져 있었던 거 같았어.

'~일 것 같다, ~일 것으로 추측된다'라는 의미의 동사 guess가 필요합니다.

2단계 발음학습 원어민 파일 듣고 따라 하기

You were **lo**st in **thou**ght, I **gue**ss.

- thought에서 첫소리 th[θ]는 혀끝을 윗니와 아랫니 사이에 살짝 물고 바람을 내보내면서 [ㄸ] 소리를 냅니다. 모음 ou[ɔ:]는 [오]에서 [아]로 가는 중간발음입니다. 그래서 thought은 [땃]이나 [똣]이라고 발음합니다.
- guess에서 자음 g는 턱을 아래로 떨어뜨리면서 목구멍 깊숙한 곳에서 [ㄱ] 소리를 냅니다.

think + 문장

[주어+think+목적어] 형태로 목적어 자리에 문장(절)이 나오는 3형식 구조입니다. 주로 명사절을 이끄는 접속사 that이 사용되지만, 대개의 경우 that은 생략합니다. 그래서 [주어+think+주어+동사] 형태로 많이 사용됩니다. 이때 think 뒤의 문장은 think의 목적어라고 이해하면 됩니다.

1단계 뭉치학습 의미를 확장하면서 문장 만들기

think I'm gonna remember (기억날 것 같다)

❶ **I think.** 난 ~일 것 같아.

think는 '생각에 ~일 것 같다'라는 의미가 있습니다.

❷ ______ + **I'm gonna remember.** 난 기억날 것 같아.

'~할 것이다'라는 표현 be gonna 뒤에는 동사원형이 나옵니다.

❸ ______ + ____________________ + **your name.** 난 네 이름이 기억날 것 같아.

2단계 발음학습 원어민 파일 듣고 따라 하기

I **thi**nk I'm **go**nna re**me**mber your **na**me.

- gonna를 발음할 때 끝을 올리지 않고 내려서 읽습니다.
- 동사 remember는 2음절에 강세가 있습니다.

1단계 뭉치학습 의미를 확장하면서 문장 만들기

think I'll lie down (난 누워 있을 생각이다)

❶ I think. (난) 생각이야.

❷ _______ + I'll lie down. 난 누워 있을 생각이야.

'눕다, 누워 있다'라는 의미의 동사구 lie down이 필요합니다.

❸ _______ + ____________ + for a while. 난 잠시 누워 있을 생각이야.

'잠시, 한동안'이라는 표현 for a while이 필요합니다.

2단계 발음학습 원어민 파일 듣고 따라 하기

I **thi**nk I'll **lie do**wn for a **whi**le.

- I'll은 모음을 길고 강하게 [아이일]이라고 발음하지 않고, 짧고 약하게 [아열↘]이라고 발음합니다.
- while은 [와일]이 아니고 [우**와**열↘]이라고 발음합니다. 이렇게 발음이 되는 이유는 자음 l 때문입니다. 자음 l이 모음 뒤에 오면 앞에 있는 모음 소리를 변화시킵니다. 모음 i[aɪ]가 자음 l을 만나 [아이열]이 아니고 [아열]로 바뀌게 되죠. 그래서 while은 우선 w를 약하게 [우]로 읽고 [아열]을 연결해서 [우**와**열↘]이라고 발음합니다.

1단계 뭉치학습 의미를 확장하면서 문장 만들기

think he's telling (그가 말하고 있다고 생각하다)

❶ **I thought.** 난 생각했어.

'과거에 생각했다'라는 의미이므로 think의 과거형 thought이 나와야 합니다.

❷ _________ + **he's telling.** 난 그가 말하고 있다고 생각했어.

'말하고 있다'라는 의미이므로 동사 tell의 현재진행형 is telling이 필요합니다.

❸ _________ + ____________ + **the truth.** 난 그가 진실을 말하고 있다고 생각했어.

2단계 발음학습 원어민 파일 듣고 따라 하기

I **thou**ght he's **te**lling the t**ru**th.

- thought에서 첫소리 th[θ]는 혀끝을 윗니와 아랫니 사이에 살짝 물고 바람을 내보내면서 [ㄸ] 소리를 냅니다. 모음 ou[ɔ:]는 [오]에서 [아]로 가는 중간발음입니다. [아]를 발음할 때 턱이 아래로 내려가고 입이 더 벌려집니다. 그래서 thought은 [땃]이나 [똣]이라고 발음합니다.
- truth처럼 tr로 시작하는 단어에서 t는 [츄]로 발음합니다. 특히, [츄]보다는 뒤에 나오는 r을 강조해서 읽습니다. 단어 끝에 나오는 th는 뒤에 모음이 나오지 않기 때문에 [쓰]라고 발음하지 않고 바람만 세게 내보내야 합니다.

1단계 뭉치학습 의미를 확장하면서 문장 만들기

think you were gone (네가 가버렸다고 생각하다)

❶ **I thought.** 난 생각했어.

'과거에 생각했다'라는 의미이므로 think의 과거형 thought이 나와야 합니다.

❷ ________ + **you were gone.** 난 네가 가버렸다고 생각했어.

'사라지다, 없어지다, 죽다'라는 의미의 be gone이 필요합니다. 주어(you)가 2인칭 단수이며 과거 시제일 땐 be가 were로 바뀝니다.

❸ ________ + ____________ + **forever.** 난 네가 영원히 가버렸다고 생각했어.

2단계 발음학습 원어민 파일 듣고 따라 하기

I **thou**ght you were **go**ne for**e**ver.

- thought에서 첫소리 th[θ]는 혀끝을 윗니와 아랫니 사이에 살짝 물고 바람을 내보내면서 [ㄸ] 소리를 냅니다. 모음 ou[ɔ:]는 [오]에서 [아]로 가는 중간발음입니다. [아]를 발음할 때 턱이 아래로 내려가고 입이 더 벌어집니다. 그래서 thought은 [땃]이나 [똣]이라고 발음합니다.
- gone에서 모음 o는 [ɔ:] 소리가 납니다. [오]에서 [아]로 가는 중간발음입니다. [아]를 발음할 때 턱이 아래로 내려가고 입이 더 벌려집니다. 그래서 gone은 [**꼬**안↘]으로 발음합니다.
- forever는 2음절에 강세가 있습니다.

DAY 4-1

1단계 뭉치학습 의미를 확장하면서 문장 만들기

think you can bring in (네가 가지고 들어갈 수 있다고 생각하다)

❶ I don't think. 난 생각하지 않아.

'~하지 않다'라는 의미이므로 현재 시제 부정형 don't가 필요합니다.

❷ ___________ + you can bring in. 난 네가 가지고 들어갈 수 있다고 생각하지 않아.

'가지고 (안으로) 들어가다'라는 의미의 동사구 bring in이 필요합니다.

❸ ___________ + _______________ + water.
난 네가 물을 가지고 들어갈 수 있다고 생각하지 않아.

2단계 발음학습 원어민 파일 듣고 따라 하기

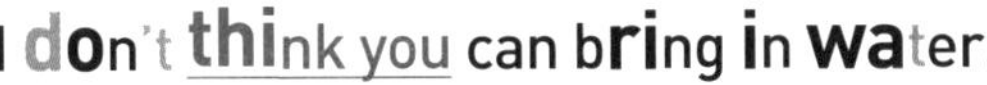

- I don't에서 d가 모음(I)과 모음(o) 사이에서 [ㄹ]로 발음됩니다.
- water에서 t가 강모음(a)과 약모음(e) 사이에서 [ㄹ]로 발음됩니다.
- 긍정형 can은 모음을 강하게 [캔]으로 발음하지 않고 짧고 약하게 [큰]으로 발음합니다.

1단계 뭉치학습 의미를 확장하면서 문장 만들기

think you were taller (네가 더 키가 크다고 생각하다)

❶ I didn't think. 난 생각하지 않았어.

'과거에 ~하지 않았다'라는 의미이므로 과거 시제 부정형 didn't가 필요합니다.

❷ ____________ + you were taller. 난 네가 더 키가 크다고 생각하지 않았어.

tall의 비교급 taller가 필요합니다. 형용사나 부사 뒤에 -er을 붙여서 비교급을 만듭니다. 하지만 단어가 3음절 이상일 때는 단어 앞에 more를 붙여줍니다. 주어(you)가 2인칭 단수이고 시제가 과거이므로 be를 were로 바꿔줍니다.

❸ ____________ + ______________ + than him.
난 네가 그보다 키가 크다고 생각하지 않았어.

'~보다'라는 의미로 비교 대상을 나타낼 땐 전치사 than을 사용합니다. 전치사(than) 뒤에 대명사가 나올 땐 목적격 대명사(him)를 사용합니다.

2단계 발음학습 원어민 파일 듣고 따라 하기

I **di**dn't **thi**nk you were **ta**ller than him.

- didn't에서 t를 발음하지 않습니다. 그리고 두 번째 d 소리는 약화되어 [ㄹ]로 발음됩니다.
- taller처럼 비교급을 나타내는 -er은 약하게 발음합니다.
- than에서 모음 a는 [애]로 강하게 읽기보다는 약하게 [어]나 [으]로 발음합니다.

Do + 주어 + think

think의 의문문입니다. think는 동작동사라서, 의문문을 만들 때 조동사 Do를 사용합니다.

1단계 뭉치학습 의미를 확장하면서 문장 만들기

Do you think? ((넌) 생각해?)

❶ Do you think? (넌) 생각해?

❷ ____________ + you can move it? 네가 이걸 옮길 수 있다고 생각해?

'옮기다'라는 의미의 동사 move가 필요합니다.

❸ ____________ + ______________ + by yourself? 네가 혼자서 이걸 옮길 수 있다고 생각해?

'혼자서'라는 의미의 by oneself가 필요합니다. 재귀대명사 oneself는 주어의 인칭과 수에 따라 달라집니다. 주어가 you이므로 yourself가 됩니다.

2단계 발음학습 원어민 파일 듣고 따라 하기

Do you think you can move it by yourself?

- 의문사로 쓰인 Do는 강하게 읽습니다.
- 긍정형 can은 모음을 약하게 [큰]으로 발음합니다. 하지만 부정형 can't는 단어 끝의 t는 발음하지 않고 모음을 길고 강하게 [캔]으로 발음합니다.
- yourself는 2음절에 강세가 있습니다.

1단계 뭉치학습 의미를 확장하면서 문장 만들기

Do you really think? (넌 정말 생각해?)

❶ **Do you really think?** 넌 정말 생각해?

'정말'이라는 의미의 부사 really는 동사 think 앞에 나옵니다.

❷ ______________ + **I should help?** 넌 내가 도와야 한다고 정말 생각해?

'~해야 한다, ~하는 게 낫다'라는 의미의 조동사 should가 필요합니다.

❸ ______________ + ____________ + **them?**
넌 내가 그들을 도와야 한다고 정말 생각해?

동사의 목적어 자리에는 목적격 대명사(them)가 나와야 합니다.

2단계 발음학습 원어민 파일 듣고 따라 하기

Do you **re**ally **thi**nk I should **he**lp them?

- 조동사 should의 모음 ou[ʊ]는 짧고 약하게 [으]로 발음합니다. 그래서 should는 [슈은↘]라고 발음합니다.
- really는 [리얼리↘]라고 발음하기보다는 자음 ll 앞에 [얼]을 살짝 넣어서 [**리**어얼리↘]라고 발음하면 훨씬 자연스럽습니다. 특히, -lly는 혀를 윗니 뒤에 대고 힘껏 밀면서 [리]라고 발음합니다.

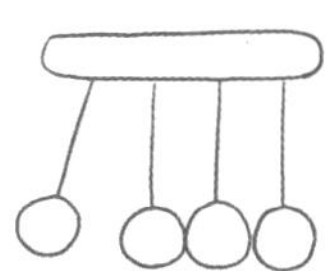

DAY 5-1

1단계 뭉치학습 의미를 확장해 가면서 문장을 만드세요.

What do you think? (어떻게 생각해?)

❶ **What do you think?** 어떻게 생각해?

What do you think?는 상대방의 생각이나 의견을 물어볼 때 사용합니다.

❷ ____________________ + **you're doing.** 네가 하는 걸 어떻게 생각해?

'~하는 중이다'라는 의미이므로 동사 do의 현재진행형 are doing이 됩니다.

❸ ____________________ + ______________ + **here?**
네가 여기에서 하는 걸 어떻게 생각해?

2단계 발음학습 원어민 파일 듣고 따라 하기

What do you think you're doing here?

- 의문사 What은 강하게 읽어줍니다.
- do는 조동사이므로 모음을 짧고 약하게 [드]로 발음합니다.

1단계 뭉치학습 의미를 확장하면서 문장 만들기

Why do you think? (왜 생각해?)

❶ **Why do you think?** 왜 생각해?

do you think 앞에 이유를 나타내는 의문사 Why가 나와야 합니다.

❷ ________________ + **he did?** 왜 그가 했다고 생각해?

'과거에 했다'라는 의미이므로 do의 과거형 did가 필요합니다.

❸ ________________ + ______ + **such a thing?** 왜 그가 그런 짓을 했다고 생각해?

〈such+a+명사〉 구조입니다. 원래 형용사는 관사 뒤, 명사 앞에 나오지만 '그런'이란 의미의 형용사 such는 관사 a 앞에 놓입니다.

2단계 발음학습 원어민 파일 듣고 따라 하기

Why do you think he did such a thing?

- 의문사 Why는 강하게 읽어줍니다.
- do는 조동사이므로 모음을 짧고 약하게 [드]로 발음합니다.
- he처럼 h로 시작하는 대명사는 h를 발음하지 않습니다. he를 발음할 때 끝을 올리지 말고 내려서 읽습니다.
- such에서 첫소리 s는 [ㅅ]로 발음하지 않고 [ㅆ]로 발음합니다. 그리고 단어 끝의 ch는 입술을 오므리고 약하게 [취]라고 발음합니다. 그래서 such는 [**써**취↘]라고 발음합니다.

자주 사용하는 표현

1단계 뭉치학습 의미를 확장하면서 문장 만들기

come to think of it (생각해보니까)

❶ Come to think of it, 생각해보니까,

누구와 얘기하다가 갑자기 무언가 떠오르는 경우에 사용할 수 있습니다.

❷ ________________ + my hair grew. 생각해보니까, 내 머리가 자랐네.

'과거에 자랐다'라는 의미이므로 grow의 과거형 grew가 필요합니다.

❸ ________________ + ____________ + fast. 생각해보니까, 내 머리가 빨리 자랐네.

2단계 발음학습 원어민 파일 듣고 따라 하기

- to는 모음을 짧고 약하게 [트]로 읽습니다.
- grew에서 자음 r 앞에 [으]를 살짝 넣어 발음하면 더 자연스럽습니다.

1단계 뭉치학습 의미를 확장하면서 문장 만들기

Let me think ((내가) 생각해볼게)

❶ **Don't hurry me.** (날) 재촉하지 마.

'재촉하다'라는 의미의 동사 hurry가 필요합니다. hurry의 목적어 자리엔 목적격 대명사(me)가 나옵니다.

❷ ______________ + **Let me think.** 재촉하지 마. (내가) 생각해볼게.

〈Let me+동사원형〉 구조는 '(내가) ~해볼게'라는 의미입니다.

❸ ______________ + ____________ + **a minute.** 재촉하지 마. 잠깐 생각해볼게.

'잠깐'이란 의미의 a minute이 필요합니다.

2단계 발음학습 원어민 파일 듣고 따라 하기

Don't hurry me. Let me think a minute.

- hurry에서 자음 rr 앞에 [으]을 살짝 넣어서 발음하면 좀 더 자연스럽습니다.
- minute은 1음절에 강세가 있습니다. 특히, 강세가 가지 않는 모음 u는 [이]로 약하게 발음합니다. 그래서 minute은 [미닡↘]이라고 읽습니다.

3단계 자신감 up check! **문장 듣고 말하기**

그동안 학습한 20문장을 소리만 듣고
속도와 발음을 살려서 말할 수 있는지 체크해보세요.

1.

2.

3.

4.

5.

6.

7.

8.

9.

10.

11.

12.

13.

14.

15.

16.

17.

18.

19.

20.

반복해서
전문장 듣기

자음 l과 자음 r의 숨은 소리를 찾아서

자음 l은 혀를 앞니 뒤에 대고 발음합니다. 그리고 자음 r은 혀를 입천장에 닿지 않게 구부려서 발음합니다. 하지만 여기에 자음 l과 자음 r의 숨은 소리가 있습니다. 자음 l과 자음 r의 숨은 소리를 찾아서 발음하면 영어의 리듬을 더 잘 살릴 수 있습니다.

자음 l의 숨은 소리는 [을]과 [얼]

아래의 l은 혀끝을 앞니 뒤에 대고 세게 밀면서 발음합니다. 이때 자음 l 앞에 [을]을 살짝 넣어 발음합니다.

① 음절의 첫소리: live [을**리**ㅂ↘] large [을**라**아쥐↘]

② 자음 + l: place [ㅍ을**레**이ㅅ↘] slowly [ㅅ을**로**우을리↘]

아래의 l은 목에 힘을 주고 혀를 목구멍 쪽으로 당기면서 발음합니다. 이때 자음 l 앞에 [얼]을 살짝 넣어 발음합니다.

③ 음절의 중간이나 끝소리:

until [언**티**얼↘] really [**리**어얼리↘] all [**어**얼↘]

아래의 l은 발음하지 않습니다.

④ 묵음: should[슈읃] walk[우**웍**↘] talk[**터**앜↘]

자음 r의 숨은 소리는 [으]와 [어]

아래의 r은 입술을 오므리고 혀가 입천장에 닿지 않게 구부렸다가 펴면서 발음합니다. 이때 자음 r 앞에 [으]를 살짝 넣어 발음합니다.

① 음절의 첫소리: right [으**라**잍↘] read [으**리**ㄷ↘] red [으**레**ㄷ↘]

very [**베**으리↘] carry [**캐**으리↘]

② 자음 + r: grow [ㄱ으**로**우↘]

아래의 r은 입술을 오므리지 않고 혀를 뒤로 빼면서 혀끝이 입천장에 닿지 않도록 올리면서 발음합니다. 이때 자음 r 앞에 [어]를 살짝 넣어 발음합니다. 특히 혀 중간에 힘을 주면 발음이 명확해집니다.

③ 음절의 중간이나 끝소리: paper [**빼**이퍼r↘] over [**오**우버r↘]

important, [임**포**어r흔↘]

rl 발음 –rl이 나란히 온 경우에는 [r]과 [l]을 모두 발음해야 합니다. 혀를 구부려서 [어r]를 먼저 발음하고 혀끝을 윗니 뒤에 대고 [얼]을 발음합니다.

① -rl-: girl [**거**어r얼↘] world [우**워**어r얼ㄷ↘]

8

Take로 20문장 만들기

TAKE

① take + 명사

- I don't take a bus to work Monday morning.
- I'll take your place at the end of the line.
- It took a while for this to download.
- Take a left at the corner and you'll see the building.
- I took a deep breath and tried to relax.
- I take a break every 2 hours at work.

② take + 명사 + 부사

- I'll take you back to the hotel later.
- It takes us anywhere in downtown in less than 1 hour.

③ take + 명사 + 전치사

- I'll take you to the hospital tomorrow.
- You took everything from me.
- I can't take my eyes off her.
- You can't take it with you without permission.

④ take + 부사

- It takes long to finish up the paperwork.

⑤ take + 전치사

- I took off my clothes and washed them.

⑥ 자주 사용하는 표현

- Take it easy. It's all in the past. Don't be so sensitive.
- Take me for example. I'm recently got a job at startup.
- Take care. See you next.

⑦ 자주 사용하는 패턴

- I'll take care of the children while you're out this afternoon.
- We took care of foods and drinks for the party.
- I can't take much more of your nagging.

take + 명사

[주어+take+목적어] 형태이며 목적어 자리에 명사가 나오는 3형식 구조입니다. take는 뒤에 나오는 명사에 따라 '타다, 취하다, 가지고 가다, 잡다, 없애다' 등 다양한 의미를 나타냅니다.

1단계 뭉치학습 의미를 확장하면서 문장 만들기

take a bus (버스 타다)

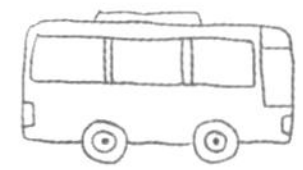

❶ **I don't take a bus.** 난 버스 안 타.

take는 교통수단을 타거나 도로를 이용할 때 사용할 수 있습니다.

❷ ________________ + **to work.** 난 출근할 땐 버스 안 타.

'출근하다'라는 건 '일하다'라는 의미로 동사 work가 필요합니다. '출근할 땐'이라는 건 '출근하기 위해서'라는 의미입니다. 동사(work)를 목적이나 상황을 나타내는 부사처럼 사용할 땐 to부정사(to work)로 바꿔줍니다.

❸ ________________ + ________ + **Monday morning.** 난 월요일 아침에 출근할 땐 버스 안 타.

2단계 발음학습 원어민 파일 듣고 따라 하기

I **do**n't **ta**ke a **bu**s to **wo**rk **Mo**nday **mo**rning.

- I don't에서 d가 모음(I)과 모음(o) 사이에서 [ㄹ]로 발음됩니다.
- to는 모음을 강하게 [투]로 발음하지 않고 약하게 [트]로 발음합니다.
- work는 한 번에 [월크]라고 발음하지 않습니다. 소리 하나하나를 연결하면서 발음합니다. w[우] → wo[우**워**] → wor[우**워**월] → work[(우)**워**월ㅋ↘]로 연습해보세요.

1단계 뭉치학습 의미를 확장하면서 문장 만들기

take your place (네 자리를 잡다)

❶ I'll take your place. 내가 네 자리를 잡을게.

take는 특정한 형태나 위치를 갖거나 취할 때 사용할 수 있습니다.

❷ ________________ + at the end. 내가 네 자리를 맨 끝에 잡을게.

'~에'란 의미로 정확한 위치를 나타낼 땐 전치사 at을 사용합니다.

❸ ________________ + __________ + of the line.
내가 네 자리를 그 줄(의) 맨 끝에 잡을게.

'~의'란 의미로 소유나 소속을 나타내는 전치사 of가 필요합니다.

2단계 발음학습 원어민 파일 듣고 따라 하기

I'll take your place at the end of the line.

- at은 끝을 올리지 말고 내려서 발음합니다.
- of에서 f는 단어의 마지막 받침소리이므로, f 뒤에 모음을 만들어 [브]라고 발음하지 않습니다.
- line을 발음할 때 자음 l 앞에 [을]을 살짝 넣어서 발음하고 혀를 윗니 뒤에 대고 세게 밀면서 l을 발음합니다. 그래서 line은 [을**라**이인↘]이라고 발음합니다.

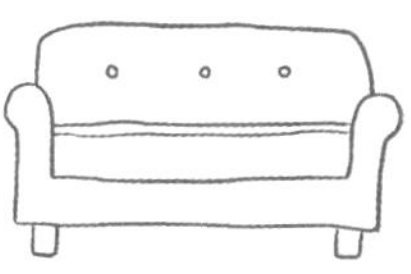

1단계 뭉치학습 의미를 확장하면서 문장 만들기

take a while (시간이 좀 걸리다)

❶ **It took a while.** 시간이 좀 걸렸어.

가주어 It이 나와야 합니다. 진주어는 문장의 끝에 나오는 to부정사구입니다. 〈take+시간명사〉는 '(얼마의 시간이) 걸리다'라는 의미가 됩니다.

❷ __________ + **for this.** 이건 시간이 좀 걸렸어.

to부정사의 의미상의 주어를 표시할 때는 〈for+명사〉를 사용합니다. 의미상의 주어를 사용하는 이유는 to부정사의 동작의 주체가 실제 주어와 다르기 때문입니다. download의 주체는 It이 아니고 this입니다.

❸ __________ + ______ + **to download.** 이건 다운로드하는 데 시간이 좀 걸렸어.

문장의 주어 자리에 동사(download)를 사용해야 할 땐 동사를 to부정사(to download)로 바꿔주어야 합니다. 하지만 주어 자리에 to부정사구가 나오는 것을 피하기 위해 문장 뒤로 보내고 대신 가주어 it을 주어 자리에 넣습니다.

2단계 발음학습 원어민 파일 듣고 따라 하기

It **too**k a **whi**le for this to **downlo**ad.

• while은 [와일]이 아니고 [우**와**열↘]이라고 발음합니다. 자음 l이 모음 뒤에 오면 앞에 있는 모음 소리가 바뀝니다. 모음 i [ai]가 자음 l을 만나 [아이열]이 아니고 [**아**열]로 바뀝니다. 특히, w는 약하게 [우]로 발음하거나 입모양으로 흉내만 냅니다.

1단계 뭉치학습 의미를 확장하면서 문장 만들기

take a left (왼쪽으로 돌다)

❶ **Take a left.** 왼쪽으로 돌아.

take는 '방향이나 상태를 취하다'라는 의미입니다. take a left라고 하면 '왼쪽 방향을 취하다, 왼쪽으로 돌다'라는 의미가 됩니다.

❷ ________ + at the corner. 모퉁이에서 왼쪽으로 돌아.

'~에서'라는 의미로 구체적이고 정확한 장소나 지점을 나타내는 전치사 at이 필요합니다.

❸ ________ + ________ + and you'll see the building.
모퉁이에서 왼쪽으로 돌아, 그러면 그 건물을 볼 거야.

see는 내 눈에 자연스럽게 보이는 대상을 말할 때 사용합니다. look은 의도를 갖고 자세히 보는 대상을 말할 때 사용합니다.

2단계 발음학습 원어민 파일 듣고 따라 하기

Take a left at the corner and you'll see the building.

- you'll은 [유얼↘]이라고 짧고 약하게 발음합니다. 자음 ll 소리는 [얼]로 발음합니다.
- Take a를 연음할 때 a의 끝을 올리지 말고 내려서 읽습니다.
- left at이 연음이 되면서 left의 마지막 소리 t가 약화되어 [ㄷ]으로 발음됩니다. 그래서 left at은 [레ㅍ뎃↘]이라고 발음합니다.

DAY 2-1

1단계 뭉치학습 의미를 확장하면서 문장 만들기

take a deep breath (심호흡을 하다)

❶ I took a deep breath. 난 심호흡을 했어.

〈take+명사〉 구조는 '(명사)가 나타내는 동작이나 일 등을 하다'라는 의미를 나타냅니다. 명사구 a deep breath의 의미가 동사화되어 '깊이 쉬다, 심호흡을 하다'라는 의미가 됩니다.

❷ ____________________ + and tried. 난 심호흡을 하고 해봤어.

'과거에 해봤다'라는 의미이므로 동사 try의 과거형 tried가 필요합니다.

❸ ____________________ + __________ + to relax. 난 심호흡을 하고 긴장을 풀려고 했어.

목적어 자리에 동사(relax)를 사용해야 할 때는 to부정사(to relax)로 바꿔줍니다.

2단계 발음학습 원어민 파일 듣고 따라 하기

I took a deep breath and tried to relax.

- tried처럼 tr로 시작하는 단어에서 t는 [츄]로 약하게 발음합니다.
- tried에서 과거형-ed는 [d]로 발음합니다. 유성음 뒤에 -ed가 오면 [d]로 발음하고, 무성음 뒤에 -ed가 오면 [t]로 발음합니다. 그리고 t와 d 뒤에 -ed가 오면 [id]로 발음합니다.
- 과거형 -ed는 강세가 없고 뒤따르는 소리에 동화되어 거의 발음되지 않습니다.
- relax는 2음절에 강세가 있습니다. 특히, 자음 l 앞에 [을]을 살짝 넣어 발음하면 더 자연스럽습니다.

1단계 뭉치학습 의미를 확장하면서 문장 만들기

take a break (잠깐 쉬다)

❶ **I take a break.** 난 잠깐 쉬어.

〈take+명사〉 구조로 명사 break의 뜻을 동사화하여 '잠깐 쉬다'라는 의미가 됩니다.

❷ ____________ + every 2 hours. 난 두 시간에 한 번씩 잠깐 쉬어.

'~마다, 매~'라는 의미의 형용사 every가 필요합니다.

❸ ____________ + ____________ + at work.
난 직장에서 두 시간에 한 번씩 잠깐 쉬어.

'~에서'라는 의미로 직장이나 회사를 나타낼 땐 전치사 at을 사용합니다.

2단계 발음학습 원어민 파일 듣고 따라 하기

I take a break every two hours at work.

- break에서 k가 모음 다음으로 단어 끝에 나와서 바람을 막는 식으로 받침소리가 됩니다.
- hours의 h는 묵음입니다.
- work는 한 번에 [월크]라고 발음하지 않습니다. 소리 하나하나를 연결하면서 [우**워**월ㅋ↘]라고 발음합니다. w는 약하게 [우]라고 발음하거나 입모양으로 흉내만 냅니다.

take + 명사 + 부사

[주어+take+목적어+부사] 형태로 목적어 자리에 명사가 나오는 3형식 구조입니다. 부사와 함께 사용되는 take는 '사람을 데려다주다' 혹은 '사물을 이쪽에서 저쪽으로 옮기다'를 의미하며, move와 의미가 비슷합니다.

1단계 뭉치학습 의미를 확장하면서 문장 만들기

take you back (널 데려다주다)

❶ **I'll take you back.** 내가 널 다시 데려다줄게.

'~할게'라는 의미로 미래에 대한 강한 다짐이나 의지를 나타낼 땐 조동사 will을 사용합니다.

❷ ________________ + to the hotel. 내가 **호텔까지** 널 다시 데려다줄게.

'~까지'란 의미로 목적지를 나타내는 전치사 to가 필요합니다.

❸ ________________ + ____________ + later. 내가 **잠시 후에** 호텔까지 널 다시 데려다줄게.

2단계 발음학습 원어민 파일 듣고 따라 하기

I'll **ta**ke you **ba**ck to the ho**tel** **la**ter.

- I'll은 짧고 약하게 [아열↘]이라고 발음합니다.
- back처럼 단어 끝에 〈자음+k〉가 나오면 k를 발음하지 않습니다.
- hotel은 2음절에 강세가 있습니다.
- later에서 t가 강모음(a)과 약모음(e) 사이에 와서 [ㄹ]로 발음됩니다.

1단계 뭉치학습 의미를 확장하면서 문장 만들기

take us anywhere (우리를 어디든 데려가다)

❶ **It takes us anywhere.** 이건 우리를 어디든 데려가.

주어(It)가 3인칭 단수이며 현재 시제일 땐 take를 takes로 바꿔줍니다. '어디든'이라는 의미의 부사 anywhere가 필요합니다.

❷ ______________ + **in downtown.** 이건 우리를 시내 어디든 데려가.

비교적 넓은 공간과 지역을 나타낼 땐 전치사 in을 사용합니다.

❸ ______________ + ____________ + **in less than one hour.** 이건 우리를 한 시간 안에 시내 어디든 데려가.

'~(시간)안에, ~넘지 않게'의 의미로 일정 시간의 범위를 초과하지 않을 땐 전치사 in을 사용합니다. less than은 '~보다 적은, ~안에'를 의미합니다.

2단계 발음학습 원어민 파일 듣고 따라 하기

It takes us anywhere in downtown in less than one hour.

- takes us를 연음할 때 us의 끝을 올리지 않고 내려서 읽습니다.
- anywhere in에서 in은 약하게 끝을 내려서 읽습니다.

take + 명사 + 전치사

[주어+take+목적어+전치사] 형태로 take 뒤 목적어 자리에 명사가 나오는 3형식 구조입니다.

1단계 뭉치학습 의미를 확장하면서 문장 만들기

take you to (널 ~에 데려다주다)

❶ **I'll take you.** 내가 널 데려다줄게.

'~할게'라는 의미로 미래에 대한 강한 다짐이나 의지를 나타낼 땐 조동사 will을 사용합니다.

❷ ___________ + to the hospital. 내가 널 병원에 데려다줄게.

'~에'란 의미로 목적지를 나타낼 땐 전치사 to를 사용합니다.

❸ ___________ + ______________ + tomorrow. 내가 널 내일 병원에 데려다줄게.

2단계 발음학습 원어민 파일 듣고 따라 하기

I'll **ta**ke you to the **ho**spital to**mo**rrow.

- hospital에서 s 다음에 나온 p는 [ㅍ]보다는 [ㅃ]로 발음하면 소리가 훨씬 부드러워집니다.
- hopsital에서 t가 모음(i)과 모음(a) 사이에 있어서 [ㄹ]로 발음됩니다.
- hospital은 1음절에 강세가 있습니다. 특히, -tal에서 모음 a는 강세가 가지 않기 때문에 [아]로 강하게 발음하지 않고 [으]로 약하게 발음합니다. 그래서 hospital은 '미-레-도' 음계처럼 강세가 낮아집니다.

1단계 뭉치학습 의미를 확장하면서 문장 만들기

take everything from (~에게서 모든 것을 빼앗다)

❶ You took everything. 넌 모든 것을 빼앗았어.

take는 남의 허락도 없이 또는 실수로 어떤 것을 가져가거나 빼앗아갈 때 사용합니다. '과거에 빼앗았다'라는 의미이므로 take의 과거형 took가 나옵니다.

❷ ______________________ + from me. 넌 나에게서 모든 것을 빼앗았어.

'~에게서, ~로부터'란 의미로 출처나 출신을 나타내는 전치사 from이 필요합니다. 전치사(from) 뒤에 대명사를 써야 할 때는 목적격 대명사(me)를 사용합니다.

2단계 발음학습 원어민 파일 듣고 따라 하기

You **too**k **e**verything from me.

• everything은 1음절에 강세가 있습니다. 첫소리 e는 우리말 [에]와 같이 발음합니다.

1단계 뭉치학습 의미를 확장하면서 문장 만들기

take my eyes off (~에게서 눈을 떼다)

❶ **I can't take.** 난 뗄 수 없어.

take는 어떤 장소나 사람에게서 무언가를 치우거나 빼낼 때 사용합니다.

❷ **__________ + my eyes.** 난 눈(들)을 뗄 수 없어.

'내 눈들'이라는 의미이므로 복수형 my eyes가 필요합니다.

❸ **__________ + __________ + off her.** 난 그녀에게서 눈을 뗄 수 없어.

'~에게서'란 의미로 어떤 장소나 물건에서 멀어지거나, 제거될 땐 전치사 off를 사용합니다. 전치사(off) 뒤에 대명사가 나올 땐 목적격 대명사(her)가 나옵니다.

2단계 발음학습 원어민 파일 듣고 따라 하기

- 부정형 can't는 끝에 t를 발음하지 않으면서, 모음을 강하고 길게 [애]로 발음하여 [캔]이라고 읽습니다.
- my는 약하게 끝을 내려서 읽습니다.

1단계 뭉치학습 의미를 확장하면서 문장 만들기

take it with (~가 가지고 가다)

❶ **You can't take it.** (넌) 그걸 가져갈 수 없어.

'~할 수 없다'라는 의미이므로 can의 부정형 can't가 나옵니다.

❷ ______________ + **with you.** 네가 그걸 가져갈 수 없어.

'~에 포함된, 관련된'란 의미로 사람이나 물건에 포함되거나 관련된 것을 나타내는 전치사 with가 필요합니다. 전치사(with) 뒤에 대명사를 쓸 땐 목적격 대명사(you)를 사용합니다.

❸ ______________ + ________ + **without permission.** 허락 없이 네가 그걸 가져갈 수 없어.

'~없이'라는 의미의 전치사 without이 필요합니다.

2단계 발음학습 원어민 파일 듣고 따라 하기

You **can**'t **ta**ke it with you without per**mi**ssion.

- 부정형 can't은 끝에 t를 발음하지 않으면서, 모음을 강하고 길게 [애]로 발음하여 [캔]이라고 읽습니다.
- with you에서 th[θ]로 끝나는 단어 뒤에 y로 시작하는 you가 나와서 연음하여 [뜌↘]라고 발음합니다.
- 명사 permission은 2음절에 강세가 있습니다.

take + 부사

[주어+take+부사] 형태로 take 뒤에 부사가 나오는 1형식 구조입니다.

1단계 뭉치학습 의미를 확장하면서 문장 만들기

take long (오래 걸리다)

❶ **It takes long.** 오래 걸려.

take가 시간이나 기간을 나타내는 단어와 함께 나와서 '(얼마의 시간이) 걸리다'를 의미합니다. 가주어 It은 3인칭 단수이고 현재 시제이므로 take가 takes로 바뀝니다.

❷ ____________ + **to finish up.** 끝내는 데 오래 걸려.

부사 up은 동사 finish의 의미에 '완전히'라는 의미가 더해져서 finish up은 '완전히 끝내다'라는 의미가 됩니다. 동사구(finish up)를 주어로 사용할 땐 to부정사구(to finish up)로 바꿔줍니다. 하지만 to부정사구처럼 긴 의미가 주어 자리에 오는 걸 피하기 위해서 가주어(It)를 대신 주어 자리에 놓고 to부정사구(to finish up)는 문장 뒤로 보냅니다.

❸ ____________ + ____________ + **the paperwork.** 서류 업무를 끝내는 데 오래 걸려.

2단계 발음학습 원어민 파일 듣고 따라 하기

It **ta**kes **lo**ng to **fi**nish **u**p the **pa**per**wo**rk.

- It은 아주 짧고 약하게 발음합니다.
- finish up을 연음할 때 up을 올리지 말고 내려서 읽습니다.
- paperwork에서 paper에서 첫 번째 p는 [ㅃ]로 두 번째 p는 [ㅍ]로 발음합니다.

take + 전치사

[주어+take+전치사] 형태로 take 뒤에 부사가 나오는 1형식 구조입니다.

1단계 뭉치학습 의미를 확장하면서 문장 만들기

take off (~을 벗다)

❶ **I took off.** 난 벗었어.

전치사 off는 단절과 이탈을 나타내어 '~으로 떨어지는, 단절되는'을 의미합니다.

❷ ________ + my clothes. 난 (나의) 옷을 벗었어.

'옷'을 의미하는 명사 clothes는 항상 복수형으로 사용합니다.

❸ ________ + __________ + and washed them.
난 옷을 벗어서 (그것들을) 빨래했어.

'과거에 빨래했다'라는 의미이므로 동사 wash의 과거형 washed가 필요합니다.

2단계 발음학습 원어민 파일 듣고 따라 하기

I took off my clothes and washed them.

- my를 읽을 때 끝을 올리지 말고 내리세요.
- clothes에서 th[ð]는 발음이 생략되고 –es는 [z]로 발음합니다. [z]는 배에 힘을 주어 공기를 힘껏 뿜어내면서 혀를 입안에서 진동시키는 소리입니다. 그래서 clothes는 [ㅋ을**로**우ㅈ↘]라고 발음합니다.
- washed의 과거형 ed는 무성음 sh[ʃ] 다음에 나와서 [t]로 발음됩니다.

자주 사용하는 표현

1단계 뭉치학습 의미를 확장하면서 문장 만들기

take it easy (진정해)

❶ Take it easy. 진정해.

형용사 easy는 '편안한, 차분한, 걱정 없는, 고통 없는'을 의미합니다.

❷ ______________ + It's all in the past. 진정해. 다 지난 일이야.

'~에'라는 의미로 전체나 일부의 기간을 나타낼 땐 전치사 in을 사용합니다.

❸ ______________ + ____________________ + Don't be so sensitive.
진정해. 다 지난 일이야. 너무 예민하게 굴지 마.

'예민한'이란 의미의 형용사 sensitive를 동사처럼 사용할 땐 be동사를 함께 사용합니다. 그래서 be sensitive라고 하면 '예민하다'라는 의미가 됩니다.

2단계 발음학습 원어민 파일 듣고 따라 하기

Take it **ea**sy. It's **a**ll in the **pa**st. **Do**n't be **so se**nsitive.

- easy에서 모음 ea[i:]는 입을 살짝 미소 짓듯이 하면서 발음합니다.
- all은 [얼]이라고 발음하지 않고 [**어**얼↘]이라고 발음합니다.
- 부정어 Don't는 t를 발음하지 않으면서, 모음을 강하게 읽습니다.
- sensitive에서 첫소리 s는 [ㅆ]로 발음합니다. 그리고 단어 중간에 t가 모음(i)과 모음(i) 사이에 놓여서 [ㄹ]로 발음됩니다.

1단계 뭉치학습 의미를 확장하면서 문장 만들기

take me for example (나를 예로 들다)

❶ Take me for example, 나를 예로 들자면,

〈take+명사+for example〉 구조로 '(명사)를 예로 들다'라는 의미입니다. take의 목적어 자리에는 목적격 대명사(me)가 와야 합니다.

❷ ____________ + I recently got a job.
나를 예로 들자면, 난 최근에 일을 구했어.

'최근에'란 의미의 부사 recently가 필요합니다.

❸ ____________ + ____________ + at startup.
나를 예로 들자면, 난 최근에 스타트업에서 일을 구했어.

'~에서'라는 의미로 학교나 회사를 나타낼 땐 전치사 at을 사용합니다.

2단계 발음학습 원어민 파일 듣고 따라 하기

Take me for example, I recently got a job at startup.

- recently에서 t 뒤에 자음 l이 나와서 t를 [ㅌ]로 발음하지 않고 바람을 내뱉다가 막듯이 숨멎는 소리를 냅니다. 특히 -ly는 [리]로 발음하지 않고 [을리↘]로 발음합니다.
- got a에서 t가 강모음(o)과 약모음(a) 사이에 나와서 [ㄹ]로 발음됩니다.
- startup에서 s 다음에 나온 t는 [ㅌ]로 발음하지 않고 [ㄸ]로 발음합니다. 그리고 단어 중간의 rt는 모음(a)과 모음(u) 사이에 와서 t를 [ㄹ]로 발음합니다.

1단계 뭉치학습 의미를 확장하면서 문장 만들기

take care (건강히 잘 지내다)

❶ Take care. 건강히 잘 지내.

주로 헤어질 때 사용할 수 있는 표현으로, '건강해, 몸조심해'라는 의미입니다.

❷ __________ + See you next. 건강히 잘 지내. 다음에 (너를) 보자.

2단계 발음학습 원어민 파일 듣고 따라 하기

Take care. See you next.

- take의 끝소리 k와 care의 첫소리 c는 같은 위치에서 나는 소리입니다. k는 성대가 울리지 않는 무성음이고 c는 성대가 울리는 유성음이라는 차이만 있습니다. 이렇게 같은 위치에서 나는 소리가 연속해서 나올 땐 앞 소리를 생략하고 연음하여 한 번만 발음합니다.

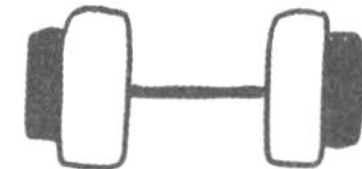

자주 사용하는 패턴

1단계 뭉치학습 의미를 확장하면서 문장 만들기

take care of (~을 돌보다)

❶ I'll take care of. 내가 돌볼게.

〈take care of + 명사〉 구조는 '~을 돌보다, ~에 신경 쓰다'를 의미합니다.

❷ ______________ + the children. 내가 아이들을 돌볼게.

child의 복수형은 children이 됩니다.

❸ ______________ + ____________ + while you're out.
네가 밖에 있는 동안 내가 아이들을 돌볼게.

'~동안'이란 의미의 접속사 while이 필요합니다.

❹ ______________ + ____________ + ________________ + this afternoon.
오늘 오후 네가 밖에 있는 동안 내가 아이들을 돌볼게.

this는 현재와 관련 있는 시간에 대해서 말할 때 사용합니다.

2단계 발음학습 원어민 파일 듣고 따라 하기

I'll take care of the children while you're out this afternoon.

- 접속사 while은 짧고 약하게 [우와열↘]이라고 발음합니다.
- children은 1음절에 강세가 있습니다. 특히, ch[tʃ]는 [치]가 아니고, 입술을 오므리고 [취]로 발음합니다. 그리고 단어 중간에 -dr-에서 d는 [쥬]로 약하게 발음합니다. 그래서 children은 [칠드런]이 아니고 [**취**을쥬런↘]이라고 발음합니다.

1단계 뭉치학습 의미를 확장하면서 문장 만들기

take care of (~을 맡다)

❶ We took care of. 우린 맡았어.

〈take care of + 명사〉 구조는 '~을 맡다, ~을 담당하다'를 의미합니다.

❷ ________________ + foods and drinks. 우린 음식과 음료수를 맡았어.

❸ ________________ + __________________ + for the party.
우린 파티에서 음식과 음료수를 맡았어.

'~에서, ~위해'라는 의미로 목적(~용)을 나타낼 땐 전치사 for를 사용합니다.

2단계 발음학습 원어민 파일 듣고 따라 하기

- drink처럼 dr로 시작할 때 d 소리를 [쥬]로 발음하면 좀 더 자연스럽습니다.
- drinks에서 nks처럼 자음이 연속해서 세 개 나올 땐, 가운데 자음(k)은 발음하지 않습니다.
- party에서 강모음(a)과 약모음(y) 사이에 rt가 나와서 t 소리가 [ㄹ]로 발음됩니다.

1단계 뭉치학습 의미를 확장하면서 문장 만들기

take much more of (~를 더 이상 견디다, 감당하다)

❶ I can't. 난 할 수 없어.

❷ ______ + take much more. 난 더 이상 견딜 수 없어.

take는 '참다, 견디다'라는 의미입니다. take much more는 주로 I can't와 함께 쓰여서 '더 이상 참을 수 없다'라는 의미가 됩니다.

❸ ______ + ________________ + of your nagging.
난 너의 잔소리를 더 이상 견딜 수 없어.

너의 잔소리(your nagging)의 양을 나타내는 상황입니다. 무언가의 수나 양을 나타낼 땐 전치사 of를 사용합니다.

2단계 발음학습 원어민 파일 듣고 따라 하기

I **ca**n't **ta**ke **mu**ch **mo**re of your **na**gging.

- 부정형 can't은 단어 끝에 t를 발음하지 않으면서, 모음을 강하고 길게 [애]로 발음하여 [캔]이라고 읽습니다.
- much에서 u는 [ʌ] 소리를 냅니다. 모음 [ʌ]는 [어]나 [아]로 나지 않고, [어] 하고 턱을 아래로 내리고 입을 벌리면서 [아]로 발음합니다. 그래서 much는 [머취]가 아니고 [**머**아취↘]로 끝을 올리지 않고 내리면서 발음합니다.
- 명사 nagging은 1음절에 강세가 있습니다.

3단계 자신감 up check! 문장 듣고 말하기

그동안 학습한 20문장을 소리만 듣고
속도와 발음을 살려서 말할 수 있는지 체크해보세요.

1.
2.
3.
4.
5.
6.
7.
8.
9.
10.
11.
12.
13.
14.
15.
16.
17.
18.
19.
20.

반복해서
전문장 듣기

모음의 진짜 소리를 찾아서

아래 단어들의 공통점이 무엇일까요?

프로필, 마사지, 비닐, 필름, 스프

바로 외래어입니다. 외국에서 들어와 한국어에 동화되어 한국어처럼 사용되는 단어들이며, 한국어 표기법으로 쓰여졌습니다. 이번에는 외래어의 모음 표기와 실제 발음되는 모음에 대해서 알아보겠습니다.

profile

① 자음 r을 발음할 때 앞에 [으]를 살짝 넣어서 발음합니다.

② 모음 o는 [오]로 발음하지 않고 [**오**우↘]로 끝을 내려서 발음합니다.

③ 모음 i는 [이]로 발음하지 않습니다. 모음 i는 [아이]로 발음되지만 뒤에 나오는 자음 l의 영향을 받아서 –il-이 [아열]로 발음됩니다.

④ 단어 끝에 나오는 모음 e는 발음하지 않습니다.

그래서 [프로필]이 아니고 [ㅍ으**로**우파열↘]로 읽습니다.

massage

① 첫 번째 모음 a는 [아]로 발음하지 않고 [어]로 약하게 발음합니다.

② 모음(a)과 모음(a) 사이에서 ss는 [ㅅ]가 아니고 [ㅆ]로 발음합니다.

③ 두 번째 모음 a는 [**아**]로 강하게 발음합니다.

④ ge는 [지]로 발음하지 않고 입을 오므리면서 성대가 울리지 않게 [쥐]로 발음합니다.

그래서 [마사지]가 아니고 [머**싸**쥐↘]로 읽습니다.

vinyl

① 모음 i는 [이]로 발음하지 않고 [아**이**]로 발음합니다.

② 모음 y는 발음되지 않습니다.

③ 자음 l은 [얼]로 약하게 발음합니다.

그래서 [비닐]이 아니고 [바**이**널↘]이라고 발음합니다.

film

① 모음 i는 [**이**]로 발음합니다.

② 특히, 자음 l은 [열]이나 [ㄹ]로 발음하지 않고 [여]로 발음합니다.

③ 자음 m은 모음 없이 나와서 [ㅁ]이라고 약하게 발음합니다. 하지만 앞에 나온 l과 연결되어 [여음]이 [염]으로 약하게 발음되기도 합니다.

④ 자음 l과 자음 m 사이에 모음 [으]를 만들어서 [름]이라고 발음하지 않습니다.

그래서 [필름]이 아니고 [**피**염↘]이나 [**피**여음↘]이라고 발음합니다.

soup

① 자음 s 뒤에 모음이 나올 땐 s를 [ㅆ]로 발음합니다.

② 모음 ou는 [**우**]로 짧고 강하게 발음합니다.

③ 자음 p는 모음 뒤에 나오고 단어의 끝소리입니다. 이때 모음은 짧게 읽어주고 자음 p는 받침소리로 발음합니다.

그래서 [수프]나 [스프]가 아니고 [**쑵**]이라고 발음합니다.

발음기호로 알아보는 모음 소리

- [u]는 [**으**]로 [uː]는 [**우**]로 발음합니다.
- [ou]는 [**오**우↘]로 발음합니다.
- [æ]는 [**애**]로 턱을 아래로 내리면서 입을 크게 벌리면서 발음합니다.
- [e]는 [**에**]로 한국말 [에]와 같은 소리입니다.
- [ʌ]는 [**어**]로 발음하고 턱을 아래로 내리면서 약하게 [아]를 발음합니다.
- [ɔ]는 [**오**]로 발음하고 턱을 아래로 내리면서 약하게 [아]를 발음합니다.
- [ɑ]는 [**아**]로 발음하고 턱을 아래로 내리면서 입을 좀 크게 벌립니다.
- [iː]는 입을 미소 짓듯이 하면서 [**이**]라고 발음합니다.

영어 발성 준비

- 영어 발음이 잘 안 될 때는 입을 크게 벌리면서 "아에이오우"를 해보세요. 영어는 입 근육을 많이 사용하는 언어이니 입근육을 풀어주면 발음이 훨씬 부드러워집니다.
- 모음을 발음할 때 턱 높이에 신경쓰세요. 턱 높이에 따라서 모음 소리가 달라지기 때문입니다.
- 영어 발음을 할 때 목에 힘을 주지 말고, 배에 힘을 주도록 해보세요. 목에 힘을 주고 입을 적게 벌리면서 발음을 하면 목이 금방 아파집니다. 그럴 때는 배에 힘을 주고 입을 크게 벌리면서 발음하면 소리가 부드러워지고 발음하기도 편해집니다.

9
만만한
SEE
see로 20문장 만들기

SEE

① see + 명사

- I hope I see that picture again.
- I saw a movie with her that night.
- I'll see you later. Keep in touch.
- I can't see things at a distance clearly.

② see + 명사 + 동사

- I didn't see you cry. What's the matter?
- I saw you standing there on your own.

③ see + 문장

- You'll see how things go soon.
- I saw if he was lying to me.
- I'll see that they work efficiently.
- I see what you did before.

④ 자주 사용하는 표현

- See, I told you. I can do it.
- You see, you look better without make-up.
- As you can see, I feel confident of success.
- Let's see. I met them two days ago.
- I see. We need time apart to think about us.
- The way I see it, you need more effort.
- They're getting divorced. I didn't see that coming.
- I don't see why not. Come here. Join us.
- Go and see for yourself, if you have time.

⑤ 자주 사용하는 패턴

- Can't you see I'm talking now?

see + 명사

[주어+see+목적어] 형태로 목적어 자리에 명사가 나오는 3형식 구조입니다. see는 '보다'라는 의미 뿐만 아니라 '알아내다, 예상하다' 등 다양한 의미가 있습니다.

1단계 뭉치학습 의미를 확장하면서 문장 만들기

see that picture (그 사진을 보다)

❶ I hope. 난 원해.

'원하다, 바라다'라는 의미의 동사 hope가 필요합니다.

❷ ______ + I see that picture. 난 그 사진을 보길 원해.

hope의 목적어 자리에 명사절(문장)이 나온 구조입니다. 명사절을 이끄는 that은 주로 생략합니다.

❸ ______ + ________________ + again. 난 그 사진을 다시 보길 원해.

2단계 발음학습 원어민 파일 듣고 따라 하기

I **ho**pe I **see** that **pi**cture a**ga**in.

- hope에서 모음 o[oʊ]를 한 번에 강하게 [오]라고 발음하지 않습니다. 두 소리를 연결하여 [오우↘] 라고 발음합니다. 자음 p는 바람을 막듯이 받침소리를 냅니다.
- see에서 첫소리 s는 [ㅆ]로 발음합니다. 모음 ee[iː]는 입술을 살짝 미소 짓듯이 [이]로 발음합니다.

1단계 뭉치학습 의미를 확장하면서 문장 만들기

see a movie (영화 보다)

❶ **I saw a movie.** 난 영화 봤어.

'과거에 봤다'라는 의미이므로 see의 과거형 saw가 필요합니다.

❷ ___________ + **with her.** 난 그녀와 영화 봤어.

'~와'라는 의미로 동반되는 것을 나타내는 전치사 with가 필요합니다. 전치사(with) 뒤에 대명사를 사용할 때는 목적격 대명사(her)를 사용합니다.

❸ ___________ + ________ + **that night.** 난 그날 밤 그녀와 영화 봤어.

that은 말을 듣는 이가 이미 알고 있는 사물을 가리킬 때 사용합니다.

2단계 발음학습 원어민 파일 듣고 따라 하기

I **saw** a **mo**vie with her that **ni**ght.

- saw에서 [s]는 혀가 입천장에 닿지 않게 바람만 내보내는 소리입니다. 특히, 첫소리 s는 [ㅆ] 소리를 냅니다. 모음 aw[ɔː]는 [오]에서 [아]로 가는 중간발음입니다. [오]를 발음해보고 [아]를 발음해보세요. [아]를 발음할 때 턱이 아래로 내려가고 입이 더 벌려집니다. 이렇게 입을 조금 더 크게 벌리면서 saw는 [**쏘**아↘] 혹은 [**써**↘]라고 발음합니다.
- movie는 1음절에 강세가 있습니다. 단어의 끝을 올리지 말고 내려서 발음합니다.

1단계 뭉치학습 의미를 확장하면서 문장 만들기

see you ((널) 보다)

❶ I'll see you. (널) 보자.

'~할게'라는 의미로 미래에 대한 다짐과 의지를 나타내는 조동사 will이 필요합니다. '보자'라는 건 '볼게'라는 의미가 됩니다.

❷ __________ + later. 나중에 보자.

❸ __________ + _____ + Keep in touch. 나중에 보자. 연락해.

'연락 중인, 교류 중인'을 의미하는 in touch가 필요합니다. 이때 keep 대신에 get이나 be동사를 사용할 수 있습니다.

2단계 발음학습 원어민 파일 듣고 따라 하기

I'll **see** you **la**ter. **Kee**p in **tou**ch.

- see에서 첫소리 s는 [ㅆ]로 발음합니다. 모음 ee[iː]는 입술을 살짝 미소 짓듯이 [이]로 발음합니다.
- later에서 t가 강모음(a)과 약모음(e) 사이에 놓여서 [ㄹ]로 발음됩니다.
- touch의 모음 ou[ʌ]는 [어] 하고 턱을 아래로 내리면서 약하게 [아]로 발음합니다. 그래서 [**터**(아)취↘]가 됩니다.

1단계 뭉치학습 의미를 확장하면서 문장 만들기

see things (사물(들)을 보다)

❶ I can't see things. 난 사물(들)을 볼 수 없어.

'할 수 없다'라는 의미이므로 can의 부정형 can't이 나와야 합니다. '사물들'을 의미하는 명사 things가 필요합니다.

❷ ________________ + at a distance. 난 멀어서 사물을 볼 수 없어.

'~에서'를 의미하고 떨어져 있는 거리를 나타내는 전치사 at을 사용합니다. at a distance는 '떨어져서, 거리를 두고, 멀리서'라는 의미가 됩니다.

❸ ________________ + ____________ + clearly. 난 멀어서 사물을 선명하게 볼 수 없어.

'선명하게'를 의미하는 부사 clearly가 필요합니다.

2단계 발음학습 원어민 파일 듣고 따라 하기

I **ca**n't **see** **thi**ngs at a **di**stance c**lea**rly.

- 부정형 can't은 단어 끝에 t를 발음하지 않으면서 모음을 강하고 길게 [캔]으로 읽습니다.
- at a에서 t가 모음(a)과 모음(a) 사이에 있어서 [ㄹ]로 발음됩니다.
- distance는 1음절에 강세가 있습니다. 단어 중간에 나오는 tan에서 모음 a는 [으]로 짧고 약하게 발음합니다.
- clearly에서 자음 l 앞에 [을]을 살짝 넣어 발음하면 좀 더 리듬을 살릴 수 있습니다.

see + 명사 + 동사

[주어+see+목적어+보어] 형태로 see 뒤 목적어 자리에 명사가 나오고, 보어 자리에 동사가 나오는 5형식 구조입니다. '(명사)가 (동사)하는 것을 보다'라는 의미가 됩니다.

1단계 뭉치학습 의미를 확장하면서 문장 만들기

see you cry (네가 우는 걸 보다)

❶ **I didn't see.** 난 못 봤어.

'과거에 안 했다'라는 의미이므로 과거 시제 부정형 didn't가 필요합니다.

❷ ___________ + **you cry.** 난 네가 우는 걸 못 봤어.

〈see+목적어+보어〉 구조에서 보어 자리에 동사가 나올 땐 동사원형(cry)이 나옵니다.

❸ ____________ + ______ + **What's the matter?**
난 네가 우는 걸 못 봤어. 무슨 일이야?

What's the matter?는 '무슨 일이야?, 괜찮아?, 어떻게 된 거야?'를 의미합니다.

2단계 발음학습 원어민 파일 듣고 따라 하기

I didn't see you cry. What's the matter?

- didn't에서 두 번째 d는 [ㄹ]로 발음하며 단어 끝의 t는 발음하지 않습니다.
- 의문사 What은 강세를 주어 읽습니다.
- matter에서 tt가 강모음(a)과 약모음(e) 사이에서 [ㄹ]로 발음됩니다.

1단계 뭉치학습 의미를 확장하면서 문장 만들기

see you standing (네가 서 있는 걸 보다)

❶ **I saw you.** 난 널 봤어.

'과거에 봤다'라는 의미이므로 see의 과거형 saw가 필요합니다.

❷ ________ + **standing there.** 난 저기에 서 있는 널 봤어.

〈주어+see+목적어+보어〉 구조에서 see의 보어 자리에는 동사원형이 나오지만, 현재분사 standing을 사용해서 진행의 의미를 강조할 수 있습니다.

❸ ________ + ____________ + **on your own.** 난 저기에 혼자 서 있는 널 봤어.

'혼자, 혼자 힘으로'를 의미하는 on one's own이 필요합니다. 소유격 one's는 주어에 따라서 달라집니다. 혼자 서 있던 사람은 내가 아니고 너이기 때문에 your가 됩니다.

2단계 발음학습 원어민 파일 듣고 따라 하기

I **saw** you s**ta**nding **the**re on your **o**wn.

- saw에서 [s]는 혀가 입천장과 닿을 듯 말 듯한 위치에서 바람만 내보내는 소리입니다. 특히, 첫소리 s는 [ㅆ] 소리를 냅니다. 모음 aw[ɔ:]는 [오]에서 [아]로 가는 중간발음입니다. [아]를 발음할 때 턱이 아래로 내려가고 입이 더 벌려집니다. 그래서 saw는 입을 조금 크게 벌리면서 [**쏘**아↘] 혹은 [**써**↘]라고 발음합니다.
- standing에서 첫소리 s 다음에 나온 t는 [ㅌ]로 발음하지 않고 [ㄸ]로 발음합니다.

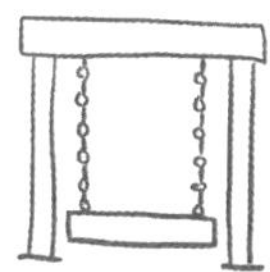

see + 문장

[주어+see+목적어] 형태로 see의 목적어 자리에 문장(절)이 나온 구조입니다. '알다, 확인하다, 알아내다'의 의미를 나타냅니다.

1단계 뭉치학습 의미를 확장하면서 문장 만들기

see how things go (어떻게 일이 진행되는지를 알게 되다)

❶ You'll see. 넌 알게 될 거야.

미래에 대한 강한 확신을 나타내는 조동사 will이 필요합니다. will 뒤에 동사원형이 나옵니다.

❷ ________ + how things go. 넌 어떻게 일이 진행되는지를 알게 될 거야.

see의 목적어 자리에 '어떻게'라는 의미의 의문사 how가 이끄는 명사절이 나왔습니다. 주어로 '일, 상황'을 의미하는 명사 things가 나오고 '(상태가) 되다, 되어가다'를 의미하는 동사 go가 나옵니다.

❸ ________ + ____________ + soon. 넌 어떻게 일이 진행되는지 곧 알게 될 거야.

2단계 발음학습 원어민 파일 듣고 따라 하기

You'll **see** how **thi**ngs **go soo**n.

- You'll은 대명사와 조동사이기 때문에 짧고 약하게 [유얼↘]이라고 발음합니다.
- go는 [고]로 발음하지 않습니다. 모음 o는 [**오**우]로 발음이 되기 때문에 go는 [**꼬**우↘]라고 발음합니다.

1단계 뭉치학습 의미를 확장하면서 문장 만들기

see if he was lying (그가 거짓말하는 건지 확인해보다)

❶ **I saw.** 난 확인해봤어.

'과거에 확인해봤다'라는 의미이므로 see의 과거형 saw가 나옵니다.

❷ ______ + **if he was lying.** 난 그가 거짓말하는 건지 확인해봤어.

saw의 목적어 자리에 '~인지 아닌지, ~인 건지'를 의미하는 if절이 나왔습니다. 주어가 he일 때 lie의 과거진행형은 was lying이 됩니다.

❸ ______ + ______________ + **to me.** 난 그가 나에게 거짓말하는 건지 확인해봤어.

전치사(to) 뒤에 대명사를 사용할 때는 목적격 대명사(me)가 나옵니다.

2단계 발음학습 원어민 파일 듣고 따라 하기

I **saw** if he was **ly**ing to me.

- saw에서 s는 혀가 입천장과 닿을 듯 말 듯한 위치에서 바람만 내보내는 [ㅅ] 소리입니다. 특히, 첫 소리 s는 [ㅆ] 소리를 냅니다. 모음 aw[ɔː]는 [오]에서 [아]로 가는 중간발음입니다. [아]를 발음할 때 턱이 아래로 내려가고 입이 더 벌려집니다. 그래서 saw은 입을 조금 크게 벌리면서 [**쏘**아↘] 혹은 [**써**↘]라고 발음합니다.
- 대명사 he는 h를 생략해서 발음합니다.
- to는 모음을 약하게 [트]로 발음합니다.

1단계 뭉치학습 의미를 확장하면서 문장 만들기

see that they work (그들이 일하는지 알아보다)

❶ **I'll see.** 내가 알아볼게.

조동사 will 뒤에는 동사원형(see)이 나옵니다.

❷ ______ + **that they work.** 내가 그들이 일하는지 알아볼게.

see의 목적어 자리에 관계대명사 that이 이끄는 명사절이 나왔습니다. that 뒤에는 주어+동사가 나와야 합니다.

❸ ______ + ______________ + **efficiently.** 내가 그들이 효율적으로 일하는지 알아볼게.

'효율적으로'라는 의미의 부사 efficiently가 필요합니다.

2단계 발음학습 원어민 파일 듣고 따라 하기

I'll **see** that they **wo**rk e**ffi**cientl y.

- work는 한 번에 [월크]라고 발음하지 않습니다. 소리 하나하나를 연결하면서 [우**워**월ㅋ↘]라고 발음합니다. [우]는 약하게 발음하거나 입모양으로 흉내만 냅니다.
- efficiently는 2음절에 강세가 있습니다. 그리고 t 뒤에 자음 l이 나와서 t를 [ㅌ]로 발음하지 않고 바람을 내뱉고 막듯이 숨 먹는 소리를 냅니다. 특히, -ly는 [리]로 발음하지 않고 [을리↘]라고 발음합니다.

1단계 뭉치학습 의미를 확장하면서 문장 만들기

see what you did (네가 뭘 했는지 알다)

❶ I see. 난 알아.

see는 '알다'라는 의미가 있습니다.

❷ _____ + what you did. 난 네가 뭘 했는지 알아.

see의 목적어 자리에 '무엇, 무슨'이란 의미의 의문사 what이 이끄는 명사절이 나왔습니다.

❸ _____ + ____________ + before. 난 네가 전에 뭘 했는지 알아.

2단계 발음학습 원어민 파일 듣고 따라 하기

I see what you did before.

- what의 마지막 t 소리는 약화되어 발음되지 않습니다.
- did에서 모음 i는 강세를 살려서 길게 읽어줍니다.

자주 사용하는 표현

1단계 뭉치학습 의미를 확장하면서 문장 만들기

See (봐)

❶ See, 봐,

상대방의 관심이나 집중을 유도하면서 말을 할 때 사용할 수 있습니다.

❷ ____ + I told you. 봐, 내가 너에게 말했잖아.

'과거에 말했다'라는 의미이므로 tell의 과거형 told가 필요합니다.

❸ ____ + __________ + I can do it. 봐, 난 (이걸) 할 수 있다고 내가 너에게 말했잖아.

2단계 발음학습 원어민 파일 듣고 따라 하기

See, I told you I can do it.

- see에서 첫소리 s는 [ㅆ]로 발음합니다. 모음 ee[iː]는 입술을 살짝 미소 짓듯이 [이]로 발음합니다.
- told you에서 d 뒤에 y로 시작하는 단어가 나오면 합해서 [쥬↘]로 발음합니다.
- 긍정형 can은 모음(a)을 약하게 [으]로 발음합니다. 그래서 can은 [큰]이 됩니다.

1단계 뭉치학습 의미를 확장하면서 문장 만들기

You see (있잖아)

❶ You see, 있잖아,

무엇을 설명할 때, '있잖아, 알겠지'라는 의미로 사용합니다.

❷ ______ + you look better. 있잖아, 넌 훨씬 나아.

'더 나은'이란 의미로 good의 비교급 better가 필요합니다.

❸ ______ + ____________ + without make-up.
있잖아, 넌 화장 안 하는 게 훨씬 나아.

'화장을 안 하는' 것은 '화장이 없다'라는 의미입니다. '~없이'란 의미의 전치사 without이 필요합니다.

2단계 발음학습 원어민 파일 듣고 따라 하기

You **see**, you **loo**k **be**tter wi**tho**ut **ma**ke-up.

- look에서 모음 oo는 [ʊ] 소리가 납니다. [우]보다는 [으]로 읽습니다. 특히, 자음 l 앞에 [을]을 살짝 넣어서 발음하면 더 자연스럽습니다. 그래서 look은 [을륵↘]이라고 발음합니다.
- better에서 tt가 강모음(e)과 약모음(e) 사이에 와서 [ㄹ]로 발음됩니다.
- 전치사는 모음을 약하게 발음하지만, 2음절 이상일 때는 강세를 주어 읽습니다. without은 2음절에 강세가 있습니다.

DAY 4-1

1단계 뭉치학습 의미를 확장하면서 문장 만들기

As you can see (보시다시피)

❶ **As you can see,** 보시다시피,

'~하다시피, ~듯이'를 의미하는 접속사 As가 필요합니다. As you can see는 상대방에게 무언가를 보여주거나, 발표할 때 사용할 수 있는 표현입니다.

❷ ______________ + **I feel confident.** 보시다시피, 난 자신 있어.

'자신 있는'을 의미하는 형용사 confident가 필요합니다.

❸ ______________ + ______________ + **of success.** 보시다시피, 난 성공할 자신 있어.

'~의, ~에'라는 의미로 사람이나 사물에 대한 감정이나 경험을 나타낼 땐 전치사 of를 사용합니다.

2단계 발음학습 원어민 파일 듣고 따라 하기

As you can **see**, I **fee**l **co**nfident of su**cce**ss.

- As you에서 [z] 뒤에 y로 시작하는 단어가 나오면 합해서 [쥬↘]로 발음합니다.
- feel에서 모음 ee[i:]는 살짝 미소 짓듯이 [이]로 발음합니다.
- confident처럼 단어 끝에 nt가 나오면 t는 발음하지 않습니다.
- success는 2음절에 강세가 있습니다. 같은 자음이 두 번 나오면 한 번만 발음합니다.

1단계 뭉치학습 의미를 확장하면서 문장 만들기

Let's see. (어디 보자.)

❶ Let's see. 어디 보자.

생각을 하거나 무엇을 기억하려 하면서 사용할 수 있는 표현입니다.

❷ ________ + I met them. 어디 보자. 난 그들을 만났어.

'과거에 만났다'라는 의미이므로 meet의 과거형 met이 필요합니다.

❸ ________ + __________ + two days ago. 어디 보자. 난 이틀 전에 그들을 만났어.

'~전에'란 의미로 주로 과거 시제와 함께 사용되는 전치사 ago가 필요합니다.

2단계 발음학습 원어민 파일 듣고 따라 하기

Let's see. I met them two days ago.

- Let's의 모음 e는 짧고 강하게 읽어줍니다.
- Let's의 s는 [ㅉ] 소리가 나고 see의 s는 [ㅆ] 소리가 납니다. 두 소리는 같은 위치에서 나는 소리이며, [ㅉ]는 성대가 울리는 유성음이고 [ㅆ]는 성대가 울리지 않는 무성음입니다. 이렇게 비슷한 두 소리가 연속해서 나오면 앞에 나오는 소리를 생략하고 연음합니다.
- ago는 2음절에 강세가 있습니다. a는 짧고 약하게 발음합니다.

DAY 4-3

1단계 뭉치학습 의미를 확장하면서 문장 만들기

I see. (알겠어.)

❶ **I see.** **알겠어.**

see는 '알다'라는 의미를 나타냅니다.

❷ ____ + **We need time apart.** **알겠어. 우리는 떨어져 있는 시간이 필요해.**

'시간이나 공간에서 떨어져'라는 의미의 부사 apart가 필요합니다.

❸ ____ + ______________________ + **to think about us.**
알겠어. 우리는 떨어져서 우리에 대해서 생각해볼 시간이 필요해.

동사구(think about)가 형용사처럼 명사(time)를 꾸며줘야 할 때는 to부정사구(to think about)로 바꿔 줍니다. 전치사(about) 뒤에 대명사가 나올 때는 목적격 대명사(us)를 사용합니다.

2단계 발음학습 원어민 파일 듣고 따라 하기

I **see**. We **nee**d **ti**me a**pa**rt to **thi**nk abou**t** us.

- need에서 모음 ee[iː]는 살짝 미소 짓듯이 [이]로 발음합니다.
- apart에서 단어 끝에 나오는 t는 앞에 나온 자음 r에 동화됩니다.
- to는 모음을 짧고 약하게 [트]로 발음합니다.
- about us에서 t는 모음(u)과 모음(u) 사이에 와서 [ㄹ]로 발음됩니다.

1단계 뭉치학습 의미를 확장하면서 문장 만들기

The way I see it (내가 (이걸) 보기엔)

❶ **The way I see it, 내가 (이걸) 보기엔,**

〈The way (that)+문장〉 구조입니다. '~처럼, ~에 의하면, ~이므로, ~으로 판단하면' 등의 의미를 나타냅니다.

❷ ________________ + **you need.** 내가 보기엔, 넌 필요해.

❸ ________________ + __________ + **more effort.** 내가 보기엔, 넌 더 많은 노력이 필요해.

'더 많은'이란 의미의 한정사 more가 필요합니다. '노력'은 effort 입니다.

2단계 발음학습 원어민 파일 듣고 따라 하기

- see와 need에서 모음 ee[i:]는 살짝 미소 짓듯이 [이]로 발음합니다.
- you는 끝을 올리지 않고 내려서 읽습니다.
- effort는 1음절에 강세가 있습니다.

1단계 뭉치학습 의미를 확장하면서 문장 만들기

I didn't see that coming. (그럴 거라고 예상하지 못했어.)

❶ **They're getting divorced.** 그들은 이혼한대.

get divorced는 '아직 이혼을 안 했지만, 이혼을 한 상태로 바뀌다'라는 상태의 변화를 나타냅니다. 진행형(be -ing)은 가까운 미래에 일어날 분명한 일이나 사건에 대해서 말할 때 사용합니다. 주어(They)가 3인칭 복수이면서 현재 시제이므로 be를 are로 바꿔줍니다.

❷ ______________________ + **I didn't see that coming.**
그들은 이혼 한대. 그럴 거라고 예상하지 못했어.

〈주어+동사+목적어+목적격보어〉 구조로 5형식 문장입니다. see는 '예상하다'라는 의미가 됩니다.

2단계 발음학습 원어민 파일 듣고 따라 하기

They're **ge**tting di**vo**rced. I **di**dn't **see** that **co**ming.

- getting에서 tt가 강모음(e)과 약모음(i) 사이에서 [ㄹ]로 발음됩니다.
- divorced에서 -ed는 무성음 [s] 뒤에 나와서 [t]로 발음됩니다.
- 부정형 didn't은 모음을 강하고 길게 발음합니다. 단어 끝의 t는 발음하지 않습니다.

1단계 뭉치학습 의미를 확장하면서 문장 만들기

I don't see why not. (되고 말고.)

❶ I don't see why not. 되고 말고요.

의역을 하면 '안될 이유가 없어'라는 의미입니다. 상대방이 부탁이나 가능성을 물어볼 때 허락이나 승인을 나타낼 때 사용할 수 있는 표현입니다.

❷ ________________ + Come here. 되고 말고요. 여기 오세요.

❸ ________________ + __________ + Join us. 되고 말고요. 여기 와서 함께 해요.

'~에 함께하다, ~에 합류하다'라는 의미의 동사 join이 필요합니다.

2단계 발음학습 원어민 파일 듣고 따라 하기

I **do**n't **see** why **no**t. **Co**me **he**re. **Jo**in us.

- I don't에서 d가 모음(I)과 모음(o) 사이에서 [ㄹ]로 발음됩니다.
- come here에서 here의 끝을 올리지 않고 내려서 발음합니다.
- join에서 첫소리 j는 [dʒ] 소리가 납니다. 입술을 오므려 성대가 울리지 않게 [쥐]로 발음합니다.

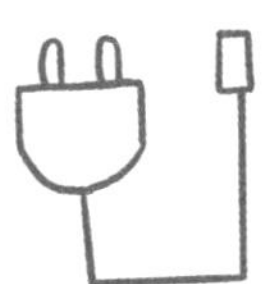

1단계 뭉치학습 의미를 확장하면서 문장 만들기

see for yourself (네가 직접 보다)

❶ Go. 가.

❷ ___ + and see for yourself. 가서 네가 직접 봐.

'직접'이란 의미의 for oneself가 필요합니다. 동작(see)의 주체가 you이기 때문에 oneself가 yourself로 바뀝니다.

❸ ___ + ________________ + if you have time. (너) 시간 있으면, 가서 네가 직접 봐.

'~하면'이란 의미로 가정을 나타내는 if가 필요합니다.

2단계 발음학습 원어민 파일 듣고 따라 하기

- and처럼 자주 사용하는 단어 끝의 d는 발음하지 않는 편입니다.
- yourself는 2음절에 강세가 있습니다. 단어 끝의 f에 모음 [으]를 넣어서 [프]로 강하게 발음하지 않고 바람만 살짝 내보냅니다.
- if you에서 [f]로 끝나는 단어 뒤에 y로 시작하는 단어 you가 나오면 연음하여 [퓨↘]로 발음합니다.

자주 사용하는 패턴

1단계 뭉치학습 의미를 확장하면서 문장 만들기

Can't you see? (안 보이니?)

❶ Can't you see? 안 보이니?

부정어로 물어보는 부정 의문문입니다. 상대방의 동의를 구하거나, 사실을 확인하거나, 제안할 때 사용합니다.

❷ ______________ + I'm talking? 내가 얘기 중인 거 안 보이니?

'얘기 중이다'라는 의미이므로 talk의 현재진행형은 am talking이 됩니다. 주어(I)가 1인칭 단수이며 현재 시제여서 be가 am이 되었습니다.

❸ ______________ + ___________ + now? 내가 지금 얘기 중인 거 안 보이니?

2단계 발음학습 원어민 파일 듣고 따라 하기

Can't you **see** I'm **ta**lking **no**w?

- see에서 모음 ee[i:]는 입술을 옆으로 살짝 미소 짓듯이 [이]라고 발음합니다.
- talking은 1음절에 강세가 있습니다. 특히, talking에서 ing를 다 읽지 않고 talkin까지만 발음하기도 합니다.

3단계 자신감 up check! 문장 듣고 말하기

그동안 학습한 20문장을 소리만 듣고
속도와 발음을 살려서 말할 수 있는지 체크해보세요.

1.

2.

3.

4.

5.

6.

7.

8.

9.

10.

11.

12.

13.

14.

15.

16.

17.

18.

19.

20.

반복해서 전문장 듣기

말에는 속도가 있다

영어 때문에 멘붕에 빠졌던 경험을 생각해보면, 말을 못해서라기보다는 못 알아들어서였던 경우가 더 많았습니다. 단어를 더듬거리면서 말은 할 수 있었지만 듣기가 문제였으니까요. 원어민 앞에 서면 저도 모르게 긴장하고, 피하는 내 모습에 마음이 편하지 않았습니다. 그들은 절대 세 단어만 말하지 않고, 그 세 단어마저도 들을 수 없었습니다. 왜 그럴까요? 말에는 속도가 있고, 영어의 언어적 특징으로 한국어보다 빠른 속도로 말할 수 있기 때문입니다. 음절 언어인 한국어는 단어가 많아질수록 읽는 시간이 늘어나지만, 박자와 강세 언어인 영어는 단어의 수가 늘어나도 박자와 강세를 지키기 위해 가급적이면 정해진 시간에 단어를 읽어야 합니다. 그래서 글자 수가 많아지면 그만큼 속도가 빨라집니다.

말하는 속도는 사람의 성향과 상황에 따라 다를 수 있습니다. 영어를 빨리 말하는 것을 목표로 할 필요는 없습니다. 습관이 잘못 들면 영어를 빨리 말할 뿐 횡설수설하거나 의미 전달이 안 될 수도 있고 말 실수를 할 수도 있습니다. 하지만 상대방이 말하는 속도를 조절할 수는 없기 때문에 속도감 있는 영어를 듣는 연습은 필요합니다. 내가 운전하는 열차는 새마을호의 속도로 달리더라도 다른 사람의 열차는 KTX의 속도로 달릴 수 있기 때문에 두 종류의 열차가 서로 소통할 수 있는 철도를 미리 깔아놓아야 합니다.

영화 '투스카니의 태양'의 마지막 부분에 나오는 대사입니다.

They say they built the train tracks over the Alps between Vienna and Venice before there was a train that could make the trip. (그들은 기차가 다니기도 전에 알프스에 비엔나와 베니스를 잇는 철도를 미리 만들어놓았다고 했다.)

They built it anyway. (어쨌든 만들어놓았다.)

They knew one day the train would come. (언젠가 기차가 올 줄 알았기에.)

언젠가 여러분의 꿈을 이루기 위해 영어를 사용할 때, 속도감 있는 영어를 듣고 이해하고 대화를 이어나갈 수 있도록 이왕이면 듣기 중심으로 학습하고, 그리고 이왕이면 빠른 속도의 영어를 듣고 이해할 수 있는 철로를 미리 깔아놓는 건 어떨까요?

10
만만한
LIKE
like로 20문장 만들기

LIKE

① like + 명사

- I like coffee better than tea.
- I like you as a friend, I mean.

② like + to부정사/동명사

- I like to challenge myself to the limit.
- He likes talking to us one to one.

③ Do you like?

- Do you like waking to the sound of TV?
- What do you like best about her?

④ 전치사 like + 명사

- Let's go out in the weather like this.
- I wanna be a man in my next life with a woman like you.
- Don't act like a baby anymore.

⑤ be + 전치사 like

- Open the window, it's like an oven in here.
- I guess you're like me a lot.

⑥ 지각동사 + 전치사 like

- You look like a stranger today.
- It looks like rain, let's go anywhere inside.
- Looks like there's something wrong with my laptop.
- No, thanks, I feel like I'm full.

⑦ 자주 사용하는 표현

- They seem more like family than neighbors.
- Nothing like a good sleep to help you relax.

⑧ 자주 사용하는 패턴

- I would like to thank you for coming to my wedding.
- I would like a reply to that as soon as possible.
- Would you like to have a drink after work?

DAY 1-1

like + 명사

[주어+like+목적어] 형태로 목적어 자리에 명사가 나오는 3형식 구조입니다.

1단계 뭉치학습 의미를 확장하면서 문장 만들기

like coffee (커피를 좋아하다)

❶ I like coffee. 난 커피를 좋아해.

❷ ___________ + better. 난 커피를 더 좋아해.

'더'라는 의미로 much의 비교급인 better가 필요합니다.

❸ ___________ + ______ + than tea. 난 차보다 커피를 더 좋아해.

'~보다'라는 의미로 비교가 되는 대상을 나타내는 전치사 than이 필요합니다.

2단계 발음학습 원어민 파일 듣고 따라 하기

I **li**ke **co**ffee **be**tter than **tea**.

- I는 [아이]라고 발음하기보다는 짧고 약하게 [아]라고 발음합니다.
- like에서 자음 l 앞에 [을]을 살짝 넣어서 [을**라**잌↘]이라고 발음하면 더 자연스럽습니다.
- better에서 tt가 강모음(e)과 약모음(e) 사이에서 [ㄹ]로 발음됩니다.
- than에서 모음 a는 [애]보다는 짧고 약하게 [어]나 [으]로 발음합니다.

1단계 뭉치학습 의미를 확장하면서 문장 만들기

like you (널 좋아하다)

❶ I like you. 난 널 좋아해.

❷ ________ + as a friend. 난 널 친구로 좋아해.

'~로(서)'라는 의미의 전치사 as가 필요합니다.

❸ ________ + ________ + I mean. 내 말은, 난 널 친구로 좋아해.

I mean은 '내 말은, 무슨 말인가 하면, 다시 말해'라는 의미입니다. 자신이 방금 한 말을 설명하거나 수정할 때 사용합니다.

2단계 발음학습 원어민 파일 듣고 따라 하기

I like you as a friend, I mean.

- you as a 부분을 읽을 때 끝을 올리지 말고 내리면서 읽습니다.
- friend에서 첫소리 f는 윗니로 아랫입술을 살짝 깨물고 바람만 내보내는 소리입니다. 자음 r 앞에 [으]를 살짝 넣어서 발음하면 더 자연스럽습니다.
- friend처럼 단어가 –nd로 끝나면 d는 발음하지 않습니다.

like + to부정사/동명사

[주어+like+목적어] 형태로 목적어 자리에 to부정사나 동명사가 나오는 3형식 문장입니다.

1단계 뭉치학습 의미를 확장하면서 문장 만들기

like to challenge (도전하는 걸 좋아하다)

❶ I like to challenge. **난 도전하는 걸 좋아해.**

목적어 자리에 동사(challenge)가 나와야 할 땐 to부정사(to chllange)로 바꾸어줍니다.

❷ ________________ + myself. **난 내 스스로 도전하는 걸 좋아해.**

'스스로'란 의미의 부사 oneself가 필요합니다. 재귀대명사 oneself는 주어의 인칭과 수에 따라 달라집니다. 이 문장의 주어가 I이므로 oneself가 myself로 바뀝니다.

❸ ________________ + ______ + to the limit.
난 한계까지 내 스스로 도전하는 걸 좋아해.

'~까지'라는 의미로 도달점을 나타내는 전치사 to가 필요합니다.

2단계 발음학습 원어민 파일 듣고 따라 하기

I **li**ke to **cha**llenge my**se**lf to the **li**mit.

- challenge에서 끝소리 ge는 입을 오므리고 약하게 [쥐]라고 발음합니다.
- myself는 2음절에 강세가 있습니다. 특히, my를 읽을 때 끝을 올리지 말고 내려서 [마이↘]로 짧고 약하게 읽습니다.
- limit에서 단어 끝에 나오는 t는 모음을 만들어 [트]로 읽지 않고, 받침소리로 읽습니다. 그래서 limit은 [**리**밑↘]이라고 발음합니다.

1단계 뭉치학습 의미를 확장하면서 문장 만들기

like talking (이야기하는 걸 좋아하다)

❶ **He likes talking.** 그는 이야기하는 걸 좋아해.

주어(He)가 3인칭 단수이면서 현재 시제이므로 like에 -s를 붙여서 likes로 만듭니다. 목적어 자리에 동사(talk)를 사용해야 할 땐 동명사(talking)로 바꿔줍니다.

❷ ______________ + **to us.** 그는 우리들과 이야기하는 걸 좋아해.

'~와, ~에게'라는 의미의 전치사 to가 필요합니다. 전치사(to) 뒤에 대명사를 사용할 때는 목적격 대명사(us)가 와야합니다.

❸ ______________ + _____ + **one to one.**
그는 우리들과 일대 일로 이야기하는 걸 좋아해.

2단계 발음학습 원어민 파일 듣고 따라 하기

He **li**kes **ta**lking to us **O**ne to **O**ne.

- likes에서 자음 l 앞에 [을]을 살짝 넣어 발음하고, k는 받침소리로 발음합니다.
- likes에서 단어 끝에 e는 소리가 나지 않습니다. 그래서 -s가 무성음 k 뒤에 나온 게 되어 [s]로 발음합니다.
- us는 뒤에 모음이 없습니다. 모음을 넣어 [어스]로 발음하지 않고, [어ㅅ↘]로 끝을 내려서 약하게 발음합니다.

Do you like?

앞에서 배운 것처럼 동사 like 뒤에는 명사, to부정사, 동명사가 나옵니다. 의문문 'Do you like' 뒤에도 똑같이 명사, to부정사, 동명사가 나옵니다.

1단계 뭉치학습 의미를 확장하면서 문장 만들기

Do you like? (좋아하니?)

❶ **Do you like waking?** 일어나는 거 좋아해?

like 뒤 목적어 자리에 동사(wake)를 써야 할 땐 동명사(waking)로 바꿔줍니다.

❷ ________________ + **to the sound?** 소리에 일어나는 거 좋아하세요?

'~에'란 의미로 어떤 것에 대한 사람의 태도나 반응을 나타내는 전치사 to가 필요합니다.

❸ ________________ + ____________ + **of TV?** TV 소리에 일어나는 거 좋아하세요?

전치사 of는 어떤 사물에 속하거나, 그것의 일부분이거나, 관련된 것을 나타낼 때 사용합니다.

2단계 발음학습 원어민 파일 듣고 따라 하기

Do you like waking to the sound of TV?

- waking에서 모음 wa-는 모음을 한 번에 [웨]로 발음하지 않고 하나씩 연결해서 [우**웨**]로 발음합니다. 이때 w[우]는 살짝 발음하거나 입모양으로 흉내만 냅니다.
- to는 모음을 짧고 약하게 [트]로 읽습니다.
- the는 끝을 올려서 읽지 않고 내리면서 [더↘]로 발음합니다.
- sound of를 연음할 때 '미-레-도' 음계처럼 강-중-약으로 끝을 내려서 읽습니다.

1단계 뭉치학습 의미를 확장하면서 문장 만들기

What do you like? (뭐가 좋아요?)

❶ What do you like? (당신은) 뭐가 좋아요?

do you like 앞에 '무엇'이란 의미의 의문사 What이 나옵니다.

❷ ______________ + best? 뭐가 가장 좋아요?

well의 최상급 best가 필요합니다.

❸ ______________ + _____ + about her? 그녀의 뭐가 가장 좋아요?

전치사 about은 주제나 연관성을 나타낼 때 사용합니다. 한국어로는 '그녀의'지만 의미상으로는 '그녀와 관련하여, 그녀에 대해서'라는 의미이기 때문입니다. 전치사(about) 뒤에 대명사를 사용해야 할 땐 목적격(her)을 사용합니다.

2단계 발음학습 원어민 파일 듣고 따라 하기

What do you like to best about her?

- 의문사 What은 강세를 살려서 읽습니다.
- What do you에서 you의 끝을 올리지 말고 내려서 읽습니다.
- like에서 자음 l 앞에 [을]을 살짝 넣어서 [을**라**잌↘]이라고 발음하면 더 자연스럽습니다.
- best처럼 단어 앞에 b가 나오면 [ㅂ]로 발음하지 않고 [ㅃ]로 발음합니다.

전치사 like + 명사

원어민의 말을 들어보거나, 영화나 미드를 보면 말하는 중간에 '~like, ~like'를 참 많이 사용합니다. 이때는 '좋아하다'라는 의미보다는 '~처럼, 마치~'를 의미하는 전치사로 사용한 경우입니다. 전치사 like 뒤에는 명사나 동명사가 주로 나옵니다.

1단계 뭉치학습 의미를 확장하면서 문장 만들기

like this (이같이, 이런)

❶ **Let's go out.** 밖에 나가자.

'~하자'라는 의미의 Let's가 필요합니다.

❷ ____________ + in the weather. **날씨엔** 밖에 나가자.

'~(속)에'라는 의미로 날씨나 환경을 나타낼 땐 전치사 in을 사용합니다.

❸ ____________ + ______________ + like this. **이런** 날씨엔 밖에 나가자.

2단계 발음학습 원어민 파일 듣고 따라 하기

Let's **go** **O**ut in the **wea**ther like this.

- out in에서 t가 강모음(ou)과 약모음(i) 사이에서 [ㄹ]로 발음됩니다.
- weather에서 모음 wea를 한 번에 [웨]로 발음하지 않고 모음을 하나씩 연결하면서 [우**웨**]로 발음합니다. 그래서 weather를 [우**웨**더↘]로 발음합니다. 이때 w는 약하게 [우]라고 하거나 입으로 흉내만 냅니다.

1단계 뭉치학습 의미를 확장하면서 문장 만들기

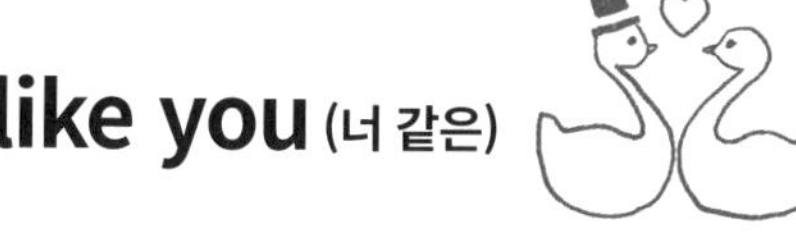

like you (너 같은)

❶ I wanna be a man. 난 남자이고 싶어.

wanna는 want to를 줄인 표현이며 '~하고 싶다'를 의미합니다.

❷ ________________ + in my next life. 난 다음 생애엔 남자이고 싶어.

'~에'라는 의미로 특정한 기간이나 시간, 특히 긴 시간을 나타내는 전치사 in이 필요합니다.

❸ ________________ + ______________ + with a woman.
난 다음 생애엔 여자와 함께하는 남자이고 싶어.

❹ ________________ + ______________ + ______________ + like you.
난 다음 생애엔 너 같은 여자와 함께하는 남자이고 싶어.

전치사(like) 뒤에 대명사를 사용할 때는 목적격(you)을 사용합니다.

2단계 발음학습 원어민 파일 듣고 따라 하기

I **wa**nna be a **ma**n in my **ne**xt **li**fe with a **wo**man like you.

• wanna에서 모음 wa-를 한 번에 [워]로 읽지 않고, 모음을 하나씩 연결해서 [우워]로 발음해보세요. 그래서 wanna를 읽을 때 [워너]보다는 끝을 내려서 [우**워**너↘]라고 하면 더 자연스럽습니다.

• woman에서 모음 wo-를 한 번에 강하게 [우]라고 발음하지 않습니다. 모음을 하나씩 연결하면서 [**우**으]라고 발음합니다. 특히, 모음 wo[ʊ]는 [으]로 발음하면 좀 더 자연스럽습니다.

DAY 3-1

1단계 뭉치학습 의미를 확장하면서 문장 만들기

like a baby (애처럼)

❶ **Don't act.** 행동하지 마.

'~하지 마'라는 의미의 Don't가 필요합니다.

❷ ________ + **like a baby.** 애처럼 행동하지 마.

❸ ________ + ________ + **anymore.** 더 이상 애처럼 행동하지 마.

부정, 의문, 조건문에서 '더 이상'을 의미하는 anymore가 필요합니다.

2단계 발음학습 원어민 파일 듣고 따라 하기

Don't **a**ct like a **ba**by any**mo**re.

- act에서 모음 a[æ]는 [애]로 발음합니다. 우선 한국말 [에]를 말해보세요. 이번엔 [에]를 발음할 때보다 턱을 밑으로 당기고 입을 양 옆으로 더 벌리면서 [애]를 말해보세요. 그 느낌으로 act를 발음합니다.

be + like

[be like+명사] 구조로 전치사 like가 be동사와 함께 '~같다'라는 의미가 됩니다.

1단계 뭉치학습 의미를 확장하면서 문장 만들기

It's like (~(인 거) 같다)

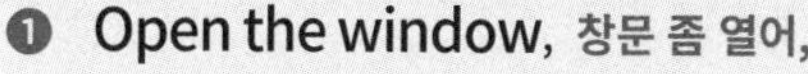

❶ Open the window, **창문 좀 열어,**

명령문이여서 동사 open이 바로 나옵니다.

❷ ________________ + it's like an oven. **창문 좀 열어, 찜통 같아.**

한국어의 '찜통'을 영어로는 oven에 비유합니다. 예를 들면 한국어로 '찜통 같은 더위'를 영어로는 oven heat이라고 표현합니다.

❸ ________________ + ________________ + in here.
창문 좀 열어, 여기 안이 찜통 같아.

'~안(에)'이라는 의미의 전치사 in이 필요합니다.

2단계 발음학습 원어민 파일 듣고 따라 하기

Open the **wi**ndow, it's like an **o**ven in **he**re.

- open에 나오는 모음 o를 한 번에 [오]라고 발음하기보다는 [**오**우↘]라고 발음합니다.
- window에서 모음 wi를 한 번에 [위]로 읽지 않고, 모음을 하나씩 연결해서 [우**위**]라고 발음합니다. 이때 [우]는 약하게 발음하거나 입으로 [우]를 흉내냅니다.
- like an에서 an은 [언]보다는 약하게 끝을 내려서 [은↘]으로 읽습니다.

DAY 3-3

1단계 뭉치학습 의미를 확장하면서 문장 만들기

You're like (넌 ~같다)

❶ **I guess.** 난 생각해.

'생각하다, 추측하다'를 의미하는 동사 guess가 필요합니다.

❷ ______ + **you're like me.** 난 네가 나 같다고 생각해.

전치사(like) 뒤에 대명사를 사용할 때는 목적격 대명사(me)를 사용합니다.

❸ ______ + ____________ + **a lot.** 난 네가 나랑 많이 같다고 생각해.

2단계 발음학습 원어민 파일 듣고 따라 하기

I **gue**ss you're like me a **lo**t.

- guess에서 자음 g는 턱을 아래로 떨어뜨리면서 목구멍 깊숙한 곳에서 끌어올리듯 발음합니다. 영어 [g]와 한국말 [ㄱ]가 많이 비교됩니다. 한국말 [ㄱ] 소리는 입 앞쪽에서 가볍게 난다고 볼 수 있고, 영어 [g]는 배에 힘이 들어간 상태에서 좀 더 안쪽에서 난다고 할 수 있습니다.
- guess you're에서 [s]로 끝나는 단어 뒤에 y로 시작하는 you're가 나와서 연음하여 [슈어r↘]로 발음합니다.

지각동사 + 전치사 like

[주어+동사+전치사 like] 형태로 전치사 like가 지각동사와 함께 사용된 2형식 문장입니다. 지각동사는 '느끼다, 만지다, 맛보다, 듣다' 등 감각기관을 통해 표현할 수 있는 동사를 의미합니다.

1단계 뭉치학습 의미를 확장하면서 문장 만들기

look like (~처럼 보이다)

❶ You look. 넌 보여.

'눈으로 보기에 ~로 보이다'를 의미하는 동사 look이 필요합니다.

❷ ________ + like a stranger. 넌 낯설어 보여.

'낯설어 보이다'라는 건 '낯선 사람처럼'을 의미하므로 like a stranger라고 표현합니다.

❸ ________ + ______________ + today. 넌 오늘 낯설어 보여.

2단계 발음학습 원어민 파일 듣고 따라 하기

You **loo**k like a st**ra**nger to**da**y.

- look에서 단어 앞의 l은 앞에 [을]을 살짝 넣어서 발음하고, 모음 oo[ʊ]는 짧고 강하게 [으]로 읽습니다. 그래서 look은 [을**륵**↘]으로 발음합니다.
- stranger에서 t 뒤에 r이 나와서, t를 [츄]로 약하게 발음합니다. 끝소리 ger는 [저]로 발음하지 않고, 입을 오므리면서 [줘r↘]로 발음합니다.

1단계 뭉치학습 의미를 확장하면서 문장 만들기

look like (~인 거 같다)

❶ **It looks like rain.** 비가 올 거 같아.

날씨나 시간, 날짜, 거리 등을 나타내는 비인칭 주어 It이 필요합니다. 주어(It)가 3인칭 단수이고 시제가 현재여서 look을 looks로 바꿔줍니다.

❷ ______________ + **Let's go.** 비가 올 거 같아. 가자.

'~하자'라는 의미의 Let's가 필요합니다.

❸ ______________ + ________ + **anywhere inside.** 비가 올 거 같아. 어디든 안으로 들어가자.

'어디든'을 의미하는 부사 anywhere가 필요합니다.

2단계 발음학습 원어민 파일 듣고 따라 하기

It **loo**ks like **ra**in. **Le**t's **go** **a**nywhere in**si**de.

- Let's에서 단어 끝의 자음 ts는 [ㅉ]로 발음합니다. 이때 모음 [으]를 만들어 넣어서 강하게 [쯔]로 발음하지 않고, 약하게 끝을 내리면서 [ㅉ↘]로 발음합니다.
- go에서 첫소리 g는 [ㄱ]보다는 [ㄲ]로 발음합니다. 모음 o[oʊ]는 [오]라고 발음하지 않고 [오우↘]라고 발음합니다. 그래서 go는 [고우]가 아니고 끝을 내리면서 [**꼬**우↘]로 발음합니다.

1단계 뭉치학습 의미를 확장하면서 문장 만들기

Looks like (~(인) 거 같다)

❶ **Looks like.** ~인 거 같아.

주어 It이 생략된 구조입니다. 주어(It)가 3인칭 단수이고 현재 시제여서 Looks가 되었습니다.

❷ ________ + **there's something wrong.** 문제가 있는 거 같아.

'문제'를 영어로는 something wrong이라고 표현합니다.

❸ ________ + ________________________ + **with my laptop.**
내 노트북에 문제가 있는 거 같아.

laptop이 가지고 있는 문제를 나타내기 때문에 전치사 with를 사용합니다.

2단계 발음학습 원어민 파일 듣고 따라 하기

Looks like there's **so**mething **wro**ng with my **la**ptop.

- there's에 s와 something의 s가 같은 자음이어서 연음이 됩니다. 이때 앞에 자음을 생략하고 한 번만 발음합니다. 특히, something의 s는 [ㅅ]로 발음하지 않고 [ㅆ]로 발음합니다.
- wrong에서 w는 묵음입니다. 자음 r은 혀가 입천장에 안 닿게 목구멍 쪽으로 구부려서 나는 소리입니다. 자음 r을 발음하기 전에 속으로 아주 작게 [으]를 말한다고 생각하면서 발음하면 더 자연스럽습니다.

1단계 뭉치학습 의미를 확장하면서 문장 만들기

feel like (~(인) 거 같다)

❶ No, thanks. 괜찮아요.

상대방의 권유나 의견을 부드럽게 거절할 때 사용할 수 있습니다.

❷ ___________ + I feel like. 괜찮아요. 난 ~인 거 같아요.

feel like는 특정한 느낌이나 인상이 들 때 사용할 수 있습니다.

❸ ___________ + _________ + I'm full. 괜찮아요. 난 배부른 거 같아요.

'배부른'이란 의미의 형용사 full이 필요합니다.

2단계 발음학습 원어민 파일 듣고 따라 하기

No, **tha**nks. I **fee**l like I'm **fu**ll.

- full에서 모음 u[ʊ]는 [우]로 발음하지 않습니다. 모음 u[ʊ]는 한국어 [으]에서 [어]로 가는 중간발음입니다. [으]를 말해보세요. 그 다음 [어]를 발음해보세요. 두 모음의 차이가 느껴지죠? [어]를 말할 때 턱이 아래로 내려갑니다. 턱이 아래로 내려가는 그 느낌을 생각하면서 full[**프**어얼↘]이라고 발음해보세요.

자주 사용하는 표현

1단계 뭉치학습 의미를 확장하면서 문장 만들기

more like (오히려 ~에 가까운)

❶ They seem. 그들은 보여.

'보이다, ~인 것 같다'라는 의미의 동사 seem이 필요합니다.

❷ ____________ + more like family. 그들은 오히려 가족에 가깝게 보여.

수나 양이 '오히려 ~에 가까운'을 의미하는 more like가 나와야 합니다.

❸ ____________ + ________________ + than neighbors.
그들은 오히려 이웃보다 가족에 가깝게 보여.

'~보다'라는 의미로 비교의 대상을 나타내는 전치사 than이 필요합니다.

2단계 발음학습 원어민 파일 듣고 따라 하기

They **see**m **mo**re like **fa**mily than **ne**ighbors.

- family는 1음절에 강세가 있어서 -mily는 약하게 발음해야 합니다. family의 한국어 표기인 [패밀리]에 익숙해서 -mi- 부분을 [미]로 발음하게 되면 강세가 가게 됩니다. 모음 i[ə]는 [어]에 가까운 소리가 나서 family를 [**패**머을리↘]로 발음합니다.
- than의 모음 a를 약하게 [으]나 [어]로 발음합니다. 특히, 단어 끝을 올리지 않습니다.

DAY 5-1

1단계 뭉치학습 의미를 확장하면서 문장 만들기

nothing like (~만한 건 없다)

❶ Nothing like. ~만한 건 없어.

There is nothing like에서 There is가 생략된 표현입니다.

❷ ___________ + a good sleep. 꿀잠 만한 건 없어.

❸ ___________ + ___________ + to help you relax.
네가 피로를 풀기엔 꿀잠 만한 건 없어.

〈help+목적어+보어〉 형태로 목적어 자리에 대명사 you, 보어 자리에 동사 relax가 나온 5형식 구조입니다. '네가 피로를 풀기엔'이란 건 '네가 피로를 풀기 위해서'라는 목적을 나타내는 부사의 의미입니다. help you relax가 부사의 역할을 해야 할 때는 to부정사구(to help you relax)로 바꿔줍니다.

2단계 발음학습 원어민 파일 듣고 따라 하기

Nothing like a **goo**d s**lee**p to **he**lp you re**la**x.

- good에서 모음 oo[ʊ]는 [우]로 발음하지 않고, [으]에 가깝게 발음합니다.
- sleep에서 모음 ee[i:]는 입술을 살짝 미소 짓듯이 [이]로 발음합니다.

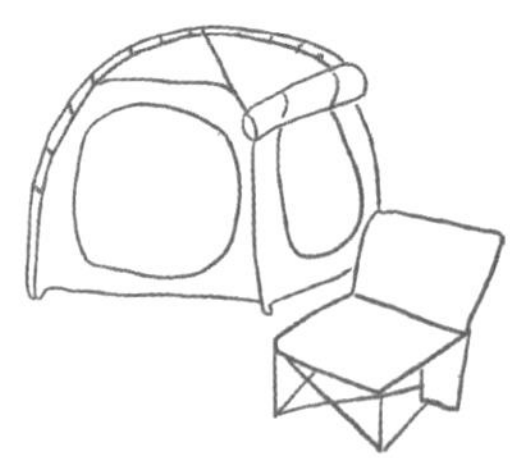

자주 사용하는 패턴

1단계 뭉치학습 의미를 확장하면서 문장 만들기

would like to (~하고 싶다)

❶ I would like to thank you. 난 너에게 감사하고 싶어.

would like to 뒤에는 동사원형(thank)이 나와야 합니다.

❷ ______________________ + for coming. 난 너에게 와줘서 감사하고 싶어.

'~에 대해'란 의미로 원인이나 이유를 나타낼 땐 전치사 for를 사용합니다. 전치사(for) 뒤에 동사(come)를 사용할 때는 동명사(coming)로 바꿔야 합니다.

❸ ______________________ + __________ + to my wedding.
난 너에게 내 결혼식에 와줘서 감사하고 싶어.

'~에'란 의미로 이동이나 방향을 나타내는 전치사 to가 필요합니다.

2단계 발음학습 원어민 파일 듣고 따라 하기

I would like to thank you for coming to my wedding.

- would의 모음 ou[ʊ]는 [우]로 발음하지 않고 [으]로 발음합니다. 그래서 would는 [우드]라고 발음하지 않고 [우읃↘]이라고 발음합니다. 특히, w는 살짝 [우]로 발음하거나 입모양으로 [우] 흉내만 냅니다.
- wedding에서 dd가 강모음(e)과 약모음(i) 사이에서 [ㄹ]로 발음됩니다.

1단계 뭉치학습 의미를 확장하면서 문장 만들기

would like (~하고 싶다)

❶ I would like a reply. 난 답하고 싶어.

would like 뒤에는 명사(a reply)가 나와야 합니다.

❷ ________________ + to that. 난 그것에 답하고 싶어.

'~에'란 의미로 받는 대상을 나타내는 전치사 to가 필요합니다.

❸ ________________ + ________ + as soon as possible. 난 되도록 빨리 그것에 답하고 싶어.

'될 수 있는 대로, 가급적'이란 표현은 as~as possible입니다. soon은 '곧, 빨리'라는 의미입니다.

2단계 발음학습 원어민 파일 듣고 따라 하기

I would like a reply to that as soon as possible.

- would의 모음 ou[ʊ]는 [우]로 발음하지 않고 [으]로 발음합니다. 그래서 would는 [우드]라고 발음하지 않고 [우읃↘]이라고 발음합니다. 특히, w는 살짝 [우]로 발음하거나 입모양으로 [우] 흉내만 냅니다.
- reply to에서 t가 강모음(y)과 약모음(o) 사이에서 [ㄹ]로 발음됩니다.
- that as에서 t가 모음(a)과 모음(a) 사이에서 [ㄹ]로 발음됩니다.
- as soon에서 as의 s[z]와 soon의 s[s]가 비슷한 소리여서 연음하여 한 번만 발음합니다.
- possible은 1음절에 강세가 있습니다. 윗입술과 아랫입술을 말아 넣고 [ㅍ] 발음을 합니다.

1단계 뭉치학습 의미를 확장하면서 문장 만들기

Would you like to? (~(할)래요?)

❶ **Would you like to?** ~(할)래요?

상대방에게 권유할 때 사용할 수 있는 표현입니다. to 뒤에는 동사원형이 와야 합니다.

❷ ______________ + **have a drink?** 술 한 잔 마실래요?

have는 '마시다'라는 의미가 있습니다.

❸ ______________ + ____________ + **after work?** 일 끝나고 술 한 잔 마실래요?

'~(끝난) 후에'란 의미의 전치사 after가 필요합니다.

2단계 발음학습 원어민 파일 듣고 따라 하기

Would you **li**ke to **ha**ve a d**ri**nk **a**fter **wo**rk?

- would가 의문문으로 쓰이면 강세를 살려서 읽어줍니다.
- would you에서 d 뒤에 y로 시작하는 you가 나와서 [쥬]로 발음합니다. 그래서 would you는 [우으쥬↘]로 발음합니다.
- drink에서 dr의 d는 [ㄷ]가 아니고 [쥬]로 약하게 발음합니다.
- work는 한 번에 [월크]라고 발음하지 않습니다. 소리 하나하나를 연결하면서 [우**워**월ㅋ↘]라고 발음합니다. [우]는 약하게 발음하거나 입모양으로 흉내만 냅니다.

3단계 자신감 up check! **문장 듣고 말하기**

그동안 학습한 20문장을 소리만 듣고
속도와 발음을 살려서 말할 수 있는지 체크해보세요.

1.

2.

3.

4.

5.

6.

7.

8.

9.

10.

11.

12.

13.

14.

15.

16.

17.

18.

19.

20.

반복해서
전문장 듣기

흘려듣기와 집중학습

영어 문장을 눈으로 보면 알겠는데, 안 들려서 답답한 경우가 많습니다. 아무래도 우리는 그동안 문자 중심으로 눈으로 읽고 해석한 경험이 훨씬 많기 때문입니다. 문장의 구조는 이해해도, 연음이나 묵음 등의 소리 규칙이 뇌에서 반응을 안 하기 때문입니다. 영어를 듣자마자 뇌에서 이해하고 반응할 수 있도록 운동 학습과 반복 학습으로 영어 소리 체계를 뇌에 만들어놓아야 합니다.

영어 말하기 표현이라도 반드시 소리로 뇌에 자극이 되어야 하며, 운동 학습과 반복 학습으로 뇌에 영어 소리 근육, 다시 말해서 영어 소리를 인식할 수 있는 공간(체계)을 만들어 놓아야 합니다. 다섯 문장을 공부하더라도 꼭 소리와 함께 듣기 중심으로 할 필요가 있습니다. 한 문장이 10단어로 이루어졌다고 하면, 다섯 문장을 공부하면 50개의 단어에 대한 소리가 뇌에 자극이 됩니다. 이때 눈으로만 본다는 것은 1의 강도로 뇌에 자극을 주는 것입니다. 하지만 운동을 하듯이 반복해서 눈으로 보면서 듣고 따라 말하면 3의 강도로 뇌에 각인시킬 수 있습니다. 실을 꼬아 밧줄을 만들듯이, 입과 귀를 사용하여 반복적인 운동 학습을 하면 기억의 밧줄을 좀 더 세고 튼튼하게 만들 수 있습니다.

그렇다면 어떻게 할 수 있을까요?

흘려듣기와 집중학습을 함께하면 좋습니다. 평소엔 흘려듣기로 영어 소리에 노출되는 시간을 최대로 만듭니다. 그냥 듣기만 하는 건 소용없다고 하지만 이런 흘려듣기가 영어의 억양과 리듬을 익히는 데 효과적인 측면도 있습니다. 그런 다음 소리의 강약과 발음 규칙을 집중적으로 학습하면, 흘려듣기를 통해 놓쳤던 부분들을 이해할 수 있습니다. 원어민이 빠르게 말하는 긴 문장도 그들의 호흡을 따라가면서 듣고 이해할 수 있게 됩니다. 또한 영어로 생각하는 단어의 개수와 말하는 길이도 길어지고 생각하는 속도도 빨라집니다. 예전엔 말할 때 뚝뚝 끊어지는 느낌이 많았다면, 부드럽게 말할 수 있게 되고 한 번에 말할 수 있는 단어의 수와 호흡도 길어집니다. 한 번에 쭉 말하게 되고, 속도감 있는 영어를 구사할 수 있게 됩니다. 견고하게 듣고 이해할 수 있어야 영어로 대화할 수 있고 이게 진짜 영어 스피킹 실력입니다.